Helmut Richter

(Herausgeber)

Siegfried Behrend
(1933 – 1990)

Stationen

Mit diesem Buch soll an den „Vater der Gitarristik in Deutschland" erinnert werden: Mit Beiträgen zu Behrend selbst und zu Themen, die ihn besonders interessierten. Gleichzeitig wird seine einmalige Künstlerkarriere anhand seiner Konzertplakate nachgezeichnet – Stationen nicht nur im übertragenen, sondern auch im realen Sinne.

Stark erweiterte und aktualisierte Neuausgabe des Buches Stationen anlässlich des 85. Geburtstages von Siegfried Behrend im November 2018. Mit zahlreichen Abbildungen und Verzeichnissen zum Leben und Lebenswerk dieser Ausnahmeerscheinung der Musik im Deutschland des 20. Jahrhunderts.

Helmut Richter

(Herausgeber)

Siegfried Behrend
(1933 – 1990)

Stationen

Dokumente einer außergewöhnlichen Künstlerkarriere

Mit Beiträgen von

Marc Boettcher

Rüdiger Grambow

Matthias Henke

Martin Maria Krüger

Manuel Negwer

Helmut Richter

Michael Tröster

Bibliografische Information der Deutschen Nationalbibliothek: Die Deutsche Nationalbibliothek verzeichnet diese Publikation in der Deutschen Nationalbibliografie; detaillierte bibliografische Daten sind im Internet über dnb.dnb.de abrufbar.

Herstellung und Verlag: BoD – Books on Demand, Norderstedt
ISBN 978-3-7460-5652-4

„Die einzig sinnvolle Form des Dankes ist, dass du dich der nächsten Generation entsprechend zur Verfügung stellst. "

Siegfried Behrend

Für Claudia Brodzinska-Behrend
und
Kornelia Behrend

Abb. 1: Siegfried Behrend, 1951 Photo: Siewert

Inhalt

7

Helmut Richter

Abb. 2: Siegfried Behrend, 1965

Vorwort im Jahr 2000

Die kleine Welt der Gitarre ist noch ein bisschen kleiner geworden: Interpreten, die unverwechselbar, eigenwillig, vielseitig und weltgewandt mit ihrer Gitarre das Publikum in die großen Konzertsäle lockte, sind eine seltene Gattung Musiker geworden.

Einer dieser Musikanten war Siegfried Behrend, sicherlich der wichtigste Vertreter der Gitarre in Deutschland seit den 50-er Jahren. Unermüdlich setzt er sich für sein Instrument ein, erweiterte das Repertoire durch eigene Kompositionen und regte zahlreiche namhafte Komponisten dazu an, für die Gitarre zu schreiben.

Er war ein Liebhaber aller Volksmusik, aber auch ein Anwalt der Avantgarde. Er erneuerte die Zupfmusik, brachte die Musik für Zupforchester als Leiter des SZO und als Gründer und Leiter des Deutschen Zupforchesters zu einer neuen Klangkultur, probierte mit großem Erfolg ungewöhnliche kammermusikalische Besetzungen aus, gab unzählige von Konzerten und – nicht zuletzt: er kümmerte sich in Meisterkursen und Seminaren um den gitarristischen Nachwuchs.

Konsequenterweise war er eine treibende Kraft für die Einführung des Instrumentalfachs „Gitarre" an den meisten deutschen Musikhochschulen.

Mit diesem Buch soll an den „Vater der Gitarristik in Deutschland" erinnert werden: mit Beiträgen zu Behrend selbst und zu Themen, die ihn besonders interessierten. Gleichzeitig wird seine einmalige Künstlerkarriere anhand seiner Konzertplakate nachgezeichnet – Stationen nicht nur im übertragenen, sondern auch im realen Sinne.

Gleichzeitig ist dieses Buch auch ein Dank einiger, denen Siegfried Behrend Mentor, Lehrer und Freund war.

An dieser Stelle sei aber auch allen, die bei der Entstehung des Buches behilflich waren, herzlich gedankt, insbesondere Claudia Brodzinska-

Behrend und Kornelia Behrend, die letztendlich diese Publikation durch ihre Unterstützung ermöglichten.

Dank gilt auch dem Künstlerförderverein Oberhausen e.V. und der Gedenkhalle Schloss Oberhausen für die ideellen und finanziellen Hilfeleistungen.

Oberhausen, im September 2000   *Helmut Richter*

In diesem Jahr – 2018 – wäre Siegfried Behrend 85 Jahre alt geworden.
Aus diesem Grund haben wir – die Autoren der Beiträge – uns dazu entschlossen, das im Jahr 2000 zu seinem 10. Todestag herausgebrachte Buch „Stationen" zu überarbeiten und umfangreich zu erweitern.

Abb. 3: Imabari, Japan 1989

Statt eines Vorwortes im Jahr 2018

Ein persönlicher Brief an Sigi zum 80. Geburtstag

Lieber Sigi,

vor wenigen Stunden bin ich von einem Symposium in Wuppertal zurückgekehrt. Es ging unter dem mehrdeutigen, gut gewählten Titel „*Wir können auch anders*" um die Vermittlung von Pop-Musik im Gitarrenunterricht. Wir Teilnehmer hörten zahlreiche interessante Vorträge zu diesem Thema, die von kompetenten Dozenten gehalten wurden.

Warum ich Dir das schreibe?

Nun, heute, kurz vor Deinem 80. Geburtstag am 19. November und über 23 Jahre nach Deinem plötzlichen Tod, wurde Dein Name in verschiedenen Zusammenhängen in Gesprächen häufig genannt. In einigen Vorträgen wurde Dein Wirken in irgendeiner Weise mit einbezogen oder gewürdigt.

Heutzutage ist Pop-Musik im Gitarrenunterricht zwar ein Thema, jedoch kein wirkliches Problem. Ich kann mich aber noch gut daran erinnern, wie ein Aufschrei durch die Gitarristik (verzeih' mir dieses Wort) in Deutschland ging, als Du in den späten 60er Jahren als erster „klassischer" Musiker in der einer Fernsehshow namens EWG unter der Leitung von Hans-Joachim Kulenkampff (Anm.: Eine Art Thomas Gottschalk der Frühzeit des Fernsehens) ein Stück auf der Konzertgitarre spieltest. Nicht im Frack, sondern im schwarzen Rollkragenpulli! Das war in dieser Zeit undenkbar, wurde aber von Dir gemacht, so wie Du immer das getan hast, was Du für Dich als richtig erkannt hattest. Du bist gerne neue Wege gegangen, einer Deiner Lieblingssätze war „Ich will mich nicht wiederholen". Du hast auch niemals zwischen „E-Musik" und „U-Musik" unterschieden, sondern zwischen „guter" und „schlechter" Musik. Angesichts mancher Fernseh-Casting-Shows der heutigen Zeit würdest Du Dich darüber wundern, wie schlecht Musik sein kann – und wie viel Geld damit gemacht wird.

Angefangen hast Du, so wie viele Musiker Deiner Generation, als Autodidakt in den knappen Zeiten nach dem Krieg. Was Dir der Himmel, in dem Du jetzt sicher bist, auf den Lebensweg mitgegeben hatte, war Deine un-

Abb. 4: Siegfried Behrend mit seinem Vater Karl Behrend, 1950

glaubliche, einzigartige Motorik, Deine hohe Musikalität, Dein vorwärtsstrebender Geist und – bitte verzeih' mir – Deine manchmal auch freche Berliner Schnauze, die vor nichts Halt machte und auch nicht kuschte, wenn andere längst schwiegen. Deine ersten künstlerischen Lorbeeren hast Du Dir am Theater erworben, bis der Leiter eines Zupforchesters, Jorge Chartofilax, auf Dich aufmerksam wurde. Du hast Dir damals im ausgebombten Nachkriegsberlin sehr schnell (und das in doppeltem Sinne!) einen guten Ruf erspielt. Kurt Schulz, ein Theatermusiker, hatte Dich 17-jährigen um 1951 mit einem Gitarrenbauer aus Markneukirchen bekannt gemacht, dem Gitarrenbaumeister Richard Jacob „Weißgerber". Daraus entstand eine lebenslange künstlerische Freundschaft, die bis zu Richard Jacobs Tod 1960 andauerte und die Du mit seinem Sohn Martin fortgesetzt hast.

Abb. 5: Behrend mit seiner Weißgerber-Gitarre, 1955

Richard Jacob baute auf Dein Drängen hin immer leichtere Instrumente, bis hin an die Grenzen des statisch noch Vertretbaren. An jedem Gramm wurde gespart. So entstand als Ergebnis Eurer Zusammenarbeit Deine „Nummer 1", auf der Du bis zu Deinem Tod 1990 gespielt hast. Das Instrument wurde nach Deinem Tod vom bayerischen Freistaat aufgekauft und sorgfältig restauriert. Es wird heute jungen, begabten Gitarristen als Jahresleihgabe zur Verfügung gestellt.

Solche enge, fast symbiotische Verbindungen zwischen Gitarrenbauern und Gitarristen sind offensichtlich fruchtbar, wenn man an Segovia-Hauser/Ramirez denkt oder Bream-Romanillos/Rubio oder Williams/Smallman. Am Ende Deines Lebens hast Du viele Weißgerber-Gitarren besessen, die heute ein kleines Vermögen wert wären.

Auf dem heutigen Symposium wurden auch von einigen Vortragenden gezeigt, welche Notenausgaben sie herausgegeben haben. Deine Mutter („Mutti") hat mir, kurz bevor sie 2011 im gesegneten Alter von 99 Jahren starb, alle Notenausgaben von Dir vererbt. Sie hatte von jeder Deiner Ausgaben ein Duplikat von Dir erhalten. Ich habe bis heute keine Ahnung, wie viele das sind, aber es ist ein Stapel von weit mehr als 3 m Höhe. Wenn man 4 Ausgaben pro Zentimeter rechnet, werden das so an die 1200 Ausgaben sein, davon über 250 Eigenkompositionen von Dir. Gut, Deine Editionspraxis wäre heute nicht mehr zeitgemäß, aber Du stelltest zu dieser, „Deiner", Zeit genau die Musik als Notenausgaben zur Verfügung, die Tausende von Laienmusikern im Nachkriegsdeutschland spielen wollten.

Deine Schallplatten habe ich auch von „Mutti" geerbt. Da ist die Anzahl mit gut 120 Stück etwas überschaubarer, aber nicht minder unglaublich. Mit dabei sind innovative Produktionen wie „Gitarre und Chor" oder „Gitarre und Oboe" oder die aus meiner Sicht beste Aufnahme des *Concierto de Aranjuez* mit den Berliner Philharmonikern, alle erschienen bei der Deutschen-Grammophon-Gesellschaft, der damals allerersten Adresse der Plattenbranche im Bereich der E-Musik.

Abb. 6: Tokio 1960

Sigi, Du weißt, das ich ein großes Arbeitszimmer habe, trotzdem musste ich einiges von Dir auf den Dachboden auslagern. Die Mengen sind einfach zu groß. Wenn meine Kinder, für die Deine Mutter und Deine Frau Claudia in den letzten Jahren wie enge Verwandte waren, aus dem Haus sind, werde ich die dort oben lagernden 19 Kisten mit Notenausgaben von Dir vom Dachboden herunterholen und aufarbeiten.

Bleiben wir bei Deiner Berliner Zeit! Hier hast Du unter Walter Felsenstein an Komischen Oper in Berlin gearbeitet, dann hast Du mit dem Zupforchester von Chartofilax sukzessive Deine Solokarriere vorangetrieben. Zuerst durch kleine Soloeinlagen in Orchesterkonzerten, die mit der Zeit umfangreicher wurden und in den ersten Soloabenden endeten.

Nur wenige Jahre, nachdem Du mit dem Gitarrespielen begonnen hattest, startetest Du mit der Weißgerber-Gitarre in der Hand Deine unvergleichliche Weltkarriere. Deine Mutter hatte mir vor einigen Jahren erzählt, dass sie in den ersten Jahren nachts den Strom abschalten musste, damit Du Dir die Nächte nicht um die Ohren schlugst mit Üben, Komponieren und Bearbeiten

14

Abb. 7: Autogrammkarte ca. 1960

Zwischendurch hast Du noch in Berlin internationale Gitarrenkongresse veranstaltet, zu denen die Teilnehmer, die führenden Gitarristen dieser Zeit, aus aller Herren Länder anreisten. 1958 fanden innerhalb eines 14-tägigen Kongresses 14 Konzerte statt, von denen Du 13 Konzerte als Gitarrist in diversen kammermusikalischen Besetzungen und solistisch bestritten hast. Jeden Tag ein neues, anspruchsvolles Programm, das alles neben den Vorträgen und der Betreuung der Gäste! Das soll Dir bitteschön mal jemand nachmachen!

Deine ersten Soloabende gabst Du zusammen mit Ilse Meudtner, einer im Nachkriegsberlin sehr bekannten Tänzerin. Ihr brachtet – wie es damals Mode war – dem vom Fernweh geplagten Publikum spanische Abende mit Flamencotanz und Deinen stilisierten Flamencos für Konzertgitarre dar. Ich denke, in dieser Zeit hast Du Deine Hörner erst einmal abgespielt und schon erstes „gutes Geld" verdient. Wahrscheinlich ist in dieser Zeit auch Dein „Markenzeichen" – der feine, obertonreiche, silbrige Ton – entstanden.

Der Folklore bist Du Dein Leben lang treu geblieben, wenn ich an Deine jahrelange künstlerische Verbindung mit der polnisch-jüdischen Sängerin Belina denke, mit der Du internationale Erfolge gefeiert hast.

In den frühen 60er Jahren ging es auf die ersten Tourneen, zuerst in Europa, später weltweit. Du wurdest überall dort, wo Du spieltest, euphorisch gefeiert und zu Recht in der gleichen Liga gesehen wie Andrès Segovia oder Julian Bream, der übrigens vor kurzem erst ebenfalls 80 Jahre alt geworden ist. Ich weiß, wie sehr Du ihn als Kollegen und als Musiker geschätzt hast, denn Du hast häufig sehr anerkennend mit mir über ihn geredet.

Deine Konzertreisen führten Dich oft nach Japan, wo Du im Laufe der Jahre viele Freunde gefunden hast. Ein Freund von Dir hat mir berichtet, dass Du in den 60er und 70er Jahren in Japan fast wie ein Gott verehrt wurdest. Sogar im japanischen Kaiserhaus hast Du gespielt, ein Privileg, das nur sehr wenige Künstler für sich in Anspruch nehmen konnten und können. Ich komme noch einmal auf einen der Vorträge des heutigen Tages zurück. Es wurde Dein Engagement für die Zupforchestermusik herausgestellt. Neben Deiner Karriere hast Du Dich früh für die „Laienarbeit" in Zupforchestern interessiert und Kurse, Seminare und Kongresse veranstaltet. Höhepunkt dieser Laufbahn als Orchesterleiter war sicher das Deutsche Zupforchester (DZO), mit dem Du viele anspruchsvolle Produktionen gemacht und unvergessliche Konzerte gegeben hast.

Abb. 8: Solokonzert in Leningrad 1958

16

Abb. 9: Siegfried Behrend in Lambaréné
mit Albert Schweitzer

Mit großer Wehmut erinnere ich mich an das letzte Konzert des damals schon verkleinerten DZO in der Berliner Philharmonie zu deinem Gedenken in den frühen 90er Jahren. In den 70er Jahren wandtest Du Dich zusätzlich der neuen Musik zu. Zahlreiche Kompositionen sind durch Dich und für Dich entstanden, angefangen Musik von Heinz Friedrich Hartig, dem ersten Komponisten, der für Dich geschrieben hat, über Joaquin Rodrigo bis hin zu Avantgardekompositionen von Anestis Logothetis.

Du hast Dich immer als Anwalt der Komponisten gesehen und ihre Kompositionen in Konzerten gespielt, auch, wenn das Publikum die Klassiker hören wollte.

Ich kann mich noch gut erinnern, dass Du gesagt hast „Ein Musiker muss sein Publikum in gewisser Weise erziehen, ihm etwas neues bieten, was es so nicht zu hören kriegt. Jeder kann dann ja für sich entscheiden ...“.

Manchmal wünsche ich mir, Du könntest das heute noch einigen Deiner heutigen Berufskollegen sagen. Wenn ich mir manche Konzertprogramme ansehe, muss ich immer an Einheitsbrei denke.

Abb. 10: München 1974, vor der Weltkarte mit den Stationen seiner Tournee

Wie es Euch gefällt! Sowohl als Musiker als auch als Mensch hast Du nie im bequemen Mainstream gelegen, sondern Du bist mutig und gegen Widerstände neue Wege gegangen. Dein Engagement für die Avantgarde wurde von Deiner Frau, Claudia Brodzinska-Behrend, geteilt.

Die an der Max-Reinhardt-Schule in Berlin ausgebildete Schauspielerin interpretierte Werke von Hornung, Bussotti und anderen mit ihrer extrem flexiblen und wandlungsfähigen Stimme kongenial zu Deinen teilweise extrem schwierigen Gitarrepartituren. Nebenher hast Du seit 1974 jedes Jahr „Urlaub" gemacht. In Riedenburg im Altmühltal. Faulenzen, so wie es andere Menschen in ihrer Freizeit machen, wäre Dir selbst im „Urlaub" niemals in den Sinn gekommen. Deswegen hast Du in dieser Zeit die „Internationalen Meisterkurse für künstlerisches Gitarrenspiel" und das „Musikfestival im Altmühltal" veranstaltet. Dort haben wir beide uns auch kennengelernt. Du als international bekannter Gitarrenvirtuose mit Managerformat, ich als langhaariger, verträumter Student. Das war im Anfang nicht immer ganz einfach!

Abb. 11: Meisterkurs in Riedenburg, 1976

Aus diesem Lehrer-Schüler-Verhältnis wurde später eine Freundschaft, so wie Du sie auch zu meinen vier „Mitschülern" Martin, Manuel, Matthias und Michael hattest. Du und Claudia, Ihr habt uns immer als Eure „musikalischen Kinder" bezeichnet, und das stimmte in gewisser Weise bis heute.

Abb. 12: Der passionierte Angler, 1978

Wir alle sind der Gitarre und der Musik in jeweils individueller Weise treu geblieben, was mit Sicherheit auch Deinem Einfluss geschuldet ist. Du hast jeden von uns so angenommen, wie er war und Du hast versucht, das Beste aus uns herauszuholen. Dafür danke ich Dir, auch im Namen meiner vier „Brüder", mit denen ich heute noch in Kontakt stehe. In Riedenburg, ab 1984 im neu begründeten „Musikfestival im Oberland", habe ich durch Dich auch gelernt, gutes Essen und Trinken zu genießen, eine Kunst, in der Du ungeschlagener Meister warst. Es gab wohl nichts auf Erden, was Du nicht an kulinarischen und „spirituellen" Köstlichkeiten probiert hast, was man – das darf ich als Freund sagen – Dir zwischenzeitlich auch an Leibesfülle ansehen konnte. Es waren immer unglaublich schöne Abende mit Dir in den Restaurants und Kneipen, aber auch in Deiner gemütlichen Küche im bayerischen Wall, wo das Wort Gastfreundschaft mit richtigem Leben gefüllt wurde. Wenn Du nicht auf Tournee warst, hatten Du und Claudia fast jeden Abend Besuch, der meist bis in die frühen Morgenstunden blieb. Wenn alle schliefen, gingst Du die Holztreppe herauf in Dein Arbeitszimmer, besser: in Deine Arbeitshalle mit 140 Quadratmetern, und erledigtes die Post. Eiserne Disziplin und absolute Zuverlässigkeit waren nämlich Deine weiteren Maximen – jeder, wirklich jeder Brief wurde sofort beantwortet. In dieser Beziehung warst Du eine Art Schreibmaschinenvorläufer der Email. Mündliche Zusagen vom Behrend-Sigi waren gültig wie ein schriftlicher Vertrag, denn sie wurden ei-

19

sern eingehalten. Im Nachhinein gesehen hast Du in dieser Arbeitsweise eine große Vorbildwirkung für uns fünf junge Gitarristen gehabt.

In Deinen letzten Jahren ging es mit Deiner Gesundheit stetig bergab – war das ein Wunder, nach diesen „sieben Leben in dem Einen"?

Trotzdem hast Du keinen Augenblick schlapp gemacht, manches ertragen, hast niemals geklagt, immer Deine Dir selbst auferlegten Pflichten erfüllt und warst „nebenher" innovativer Ideengeber, so auch beispielsweise für die Gründung der EGTA im Jahr 1985.

Was mir besonders imponierte war, dass Du dabei immer bescheiden und bodenständig geblieben bist, trotz des Bundesverdienstkreuzes, das Dir 1981 auf Vorschlag des bayerischen Ministerpräsidenten verliehen worden ist.

Deine letzten Projekte – die Bearbeitung und Einspielung der Kompositionen von Brescianello und von Carulli – konntest Du nicht mehr zu Ende führen.

Abb. 13: Mit Claudia Brodzinska-Behrend und „Mutti" Behrend, 1978

Dein plötzlicher Herztod am 20. September 1990 war für alle, nicht nur für diejenigen, die Dir nahestanden, ein einschneidendes Ereignis, das – zumindest bei mir – lange, sehr lange Zeit nachgewirkt hat.

Abb. 14: Verleihung des Bundesverdienstkreuzes, 1981

Die Aufarbeitung Deines Nachlasses dauert noch an, denn schier unüberschaubar sind die Mengen an Material, die heute in der Berliner Akademie der Künste untergebracht sind.

Gut, die Welt hat sich auch ohne Dich weitergedreht, aber der deutschen „Gitarristik" – wenn ich dieses Wort noch einmal verwenden darf – fehlt eine Leitfigur wie Du es warst; eine Leitfigur, an der man sich auch einmal abarbeiten kann, wie es bei Dir natürlich auch geschehen ist.

Einige dieser Leute, die sich damals kritisch mit Dir auseinandergesetzt haben, führen heute Deinen Namen übrigens immer wieder lobend im Munde. Als wären sie Deine besten Freunde gewesen. So ist die Welt! Aber, um einen weiteren Spruch von Dir zu wiederholen: „Das wollen wir noch nicht einmal ignorieren."

Lieber Sigi, ich würde Dir so gerne noch viel mehr schreiben, von Deinen zahlreichen Fernsehpro-

Abb. 15: "Espace de la solitude" von K.H. Stahmer, für Gitarre und Ballett, ca. 1978

duktionen, von der Zeitschrift „Gitarre", die Du herausgegeben hast, von „Deinen" Gitarrensaiten, Deinem phänomenalen Gedächtnis, Deinem unermüdlichen Engagement für Gitarre-Professuren an deutschen Hochschulen und, und, und, aber dieser Brief muss schleunigst heraus. Ich schreibe Dir später noch einmal. Versprochen!

Abb. 16: Siegfried Behrend ca. 1988

Für heute, lieber Sigi, alles, alles Gute zum 80. Geburtstag, wo immer Du auch bist, auch im Namen meiner „Brüder"! Danke für die schöne Zeit mit Dir. Du hast der Gitarre in Deutschland gut getan und sie sowie die Entwicklung der Zupforchester durch Deine entscheidenden Impulse vorangetrieben.

Liebe Grüße, oder, wie Du „Halbbayer" immer sagtest,

Pfüat Di!

Helmut

Oberhausen, im November 2013[1]

---

[1] Dieser „Brief" erschien im November 2013 in der Zeitschrift „concertino" (04/2013)

Abb. 17: Siegfried Behrend 1986

Literatur:

Eggers, Heino: Belina-Behrend. Mit der Gitarre um die Welt. Arani-Verlag, Berlin. 1965
Henke, Matthias: Der alte Mann und das Mehr. In: Stationen, Oberhausen, 2000
Richter, Helmut (Hrsg): Siegfried Behrend – Stationen. Karl Maria Laufen, Oberhausen. 2000
Trekel, Maren: Siegfried Behrend. Ein Leben für die Gitarre(...). Trekel Musikverlag. 2000
Fotos: Privatbesitz H. Richter, aus dem Erbe von Kornelia Behrend.

Abb. 18: Autogrammkarte, ca. 1970

Matthias Henke

Siegfried Behrend – Stationen –

"Wenn jemand eine Reise tut, so kann er was erzählen" (Johann Hinrich Voß, aus "Urians Reise um die Welt", 1786). Spätestens seit der Schubertschen "Winterreise" gilt das Unterwegssein, ob per pedes oder mittels eines Gefährtes, als Gleichnis für den menschlichen Lebenslauf, speziell für den von Künstlern. Die dem Reisen eigene Spannung zwischen vorgezeichnetem Weg und den Zufälligkeiten möglicher Begegnungen, zwischen zielgerichteter Bewegung und verweilendem Schauen, zwischen Vertrautsein und Fremdheit reizte im 20. Jahrhundert gleichfalls zur schöpferischen Nachgestaltung. So schrieb und vertonte etwa Ernst Krenek im Schubert-Gedenkjahr 1928 sein "Reisebuch aus den österreichischen Alpen". Der Aspekt des Reisens charakterisiert auch das Leben und Schaffen des deutschen Gitarristen Siegfried Behrend - allerdings nicht nur in einem künstlerisch sublimierten, sondern darüber hinaus im konkreten Sinn. Denn die Frage nach dem Wohin stellte sich ihm, der im Deutschland der Nachkriegsjahre seine musikalische Sozialisation erfuhr, in besonderer, verschärfter Weise, schienen in der sogenannten Stunde Null doch die alten heimischen Systeme und Traditionen überholt, ja korrumpiert zu sein. Folgerichtig entwickelte sich in dem jungen Musiker eine gleichermaßen romantische wie reale Sehnsucht nach fremden Ländern und Menschen, eine Sehnsucht, die schon bald in Konzerttourneen ihre Erfüllung fand: Bereits in den fünfziger Jahren begab sich Behrend auf große Fahrt, um beispielsweise Konzerte in Spanien oder in der Sowjetunion zu geben. Reisen, Weltreisen, die meist in Zusammenarbeit mit dem Goethe-Institut stattfanden, sollten für die Biographie des Berliners und späteren Wahlbayern symptomatisch bleiben. Noch wenige Jahre vor seinem allzu frühen Tod begab er sich, mit seinem einstigen Schüler Michael Tröster ein Duo formierend, auf eine Tournee in den Fernen Osten, deren

Höhepunkt Auftritte in dem von ihm so geschätzten Japan bildeten. Von den fünfziger Jahren bis zum Beginn der neunziger - eine beachtliche Spanne internationaler künstlerischer Präsenz, eine beeindruckende Lebenskurve, in deren Zenit Behrend zum "Botschafter deutscher Kultur" avancierte. "Ich denke, daß er ein deutscher Stern für die Gitarre wird", prophezeite schon 1952 Richard Jacob Weißgerber in einem Brief an die Eltern des Musikers. Der renommierte,

Abb. 19: Siegfried Behrend und Ilse Meudtner, ca. 1954

hochbetagte Gitarrenbauer aus Markneukirchen hatte sich vom Spiel des selbstbewussten Berliners begeistern lassen. Fortan stand er ihm mit Rat und Tat und vielen wunderschönen Instrumenten zur Seite, begleitete den um Generationen jüngeren, strebsamen Musiker auf dem ersten Wegabschnitt seiner Karriere. Die 'Reisebekanntschaft' der beiden Gitarrebegeisterten hielt über ihr Leben hinaus an. Als in den achtziger Jahren im Leipziger Grassi-Museum die Eröffnung eines dem Schaffen Weißgerbers gewidmeten Raums anstand, blieb es Behrend vorbehalten, das festliche Geschehen mit einem Konzert einzuleiten. Zudem ging nach dem Tod Behrends die von ihm bevorzugte Weißgerber-Gitarre in den Besitz des Bayerischen Staates über, unter dessen Fittichen sie nun in wechselndem Turnus jungen Gitarristen zur Verfügung gestellt wird, denen die Fachkompetenten außergewöhnliche Leistungen bescheinigen.

Das Reisen (also der Aufbruch, das Auf-nach-neuen-Ufern) erwies sich indes nicht nur hinsichtlich lokaler Veränderungen als typisch für Siegfried

26

Behrend. Vielmehr kennzeichnet das Suchen, das stete Fragen nach dem Wohin, auch sein künstlerisches Naturell. Als eine ebenso wichtige wie frühe Station seiner Laufbahn ist hier die Begegnung des 'Reisenden' mit Ilse Meudtner zu nennen. Die Ballettmeisterin hatte in Madrid spanischen Tanz studiert, dort Rodrigos "Concierto de Aranjuez" kennengelernt und die motorisch ausdrucksstarke Musik mit einer Choreographie versehen. Sie vermochte den zwanzigjährigen Gitarristen für die noch relativ unbekannte Partitur zu begeistern, deren Solopart damals nur drei oder vier Interpreten überhaupt bewältigen konnten.

Meudtners ehrenvollen Antrag, das Konzert live zum Auftritt des Balletts der Komischen Oper Berlin zu spielen, meisterte Behrend so bravourös, dass es zu einer Vielzahl von weithin beachteten Aufführungen kam. Ohne die Hilfe eines 'großen' Lehrers, gleichsam wie ein Phoenix aus der Asche, war so der Solist Siegfried Behrend geboren, der im Laufe der Jahrzehnte Dutzende von Konzerten für Gitarre und Orchester interpretierte: gleich, ob es sich um historische Werke handelte oder von ihm angeregte beziehungsweise uraufgeführte (wie Heinz Friedrich Hartigs „Concertante Suite" und „Perché" oder die entsprechenden Werke von Xavier Benguerel oder Tomas Marco, um nur einige aus dem reichhaltigen Repertoire Behrends anzuführen).

Abb. 20: Belina - Behrend, ca. 1963

Der junge Musiker, der im Begriff stand, sich als Virtuose einen international gültigen Ruf zu erwerben, gab sich allerdings mit dem ihm bald angehängten Etikett "Paganini der Gitarre" nicht zufrieden, verharrte nicht bei dem Erreichten. Als der nicht einmal Dreißigjährige die polnisch-jüdische Sängerin Belina kennenlernte, brach er zu einer *neuen Station seiner Karriere* auf. Er ging mit ihr eine künstlerische Liaison ein, der ein außergewöhnlicher Publikumserfolg zuteil wurde. Ihn aber verdienten die Sängerin und der Gitarrist nicht, weil sie ausgetretenen Pfaden folgten, sondern weil sie sich breschenschlagend den Weg bahnten: In einer Zeit, zu der die muffige Provinzialität des deutschen Heimatfilms dem deutschen Film das Grab bereitete, in einer Phase der Bundesrepublik Deutschland, in der deutsche Politiker sich aus der NS-Vergangenheit hinauslügen zu können glaubten, weiteten Behrend und Belina Blick wie Gehör der Menschen. Sie trugen jiddische Gesänge vor, mit denen Belina schicksalhaft verbunden war.

Sie boten Volkslieder aller Kontinente dar, die Behrend oftmals auf seinen Weltreisen gesammelt hatte. Sie besangen und bespielten Schallplatten, die nicht mittels eines ausgefeilten Produktionsprozesses im Studio hergestellt, sondern live mitgeschnitten wurden. Die Glaubwürdigkeit des Duos erhöhte sich zudem, da es nicht der Gefahr des folklorisierenden Kitsches erlag, sondern in Präsentation und Interpretation einen eher sachlichen Standpunkt einnahm: So gab es seinem Millionenpublikum Raum für eigene Emotionen, gelang es ihm, Menschen der verschiedensten Kulturen anzusprechen.

Obwohl das vielseitige Repertoire von Behrend und Belina sich im Grunde jeder Kategorisierung verweigerte, ordneten es beflissene Buchhalter (durchaus branchenüblich, aber de facto sinnlos) immer wieder dem Bereich der sogenannten U-Musik zu. Im gleichen Atemzug erhoben sich mancherorts Stimmen, die Behrend vorwarfen, er verwechsele Kunst mit Kommerz, steige vom hohen Thron der Klassik in die Niederungen des Showgeschäftes. Doch der rastlose Künstler ließ sich durch solche Unkenrufe nicht von seiner Fährte abbringen. Mit dem Selbstvertrauen eines Reisenden, dem der Weg Ziel ist, peilte er eine neue Station an, setzte er sich voller Elan und Engagement für die zeitgenössische Musik ein, besonders für die Werke der Avantgarde. Als Solist, als Kammermusiker, als Pädagoge nicht zu vergessen und auch als Dirigent (dem Fach, das er im Gegensatz zur Gitarre studiert hatte) gelangen ihm immer wieder maßstabgebende Interpretationen - eine Funktion, in dem sich seine Laufbahn mit der von so ambitionierten Komponisten wie Roman Haubenstock-Ramati, Ernst Krenek, Isang Yun, Klaus Hinrich Stahmer oder Sylvano Bussotti und vielen anderen kreuzte. Ein in Wien lebender Grieche wuchs zu einem besonderen Gefährten auf Behrends Odyssee heran: Anestis Logothetis, für dessen Schaffen sein zwölf Jahre jüngerer Exeget außergewöhnliche Wertschätzung hegte. Für den ungemein eigenständigen Logothetis, den 'Finder' der graphischen Notation, begab sich Behrend gar auf abseits gelegene Wege. Er, der sich zu Beginn der fünfziger Jahre bei dem legendären Opernregisseur Walter Felsenstein als Regieassistent geübt hatte, stellte sich unter dem Eindruck des Logothetischen Oeuvres der Aufgabe eines Hörspielregisseurs. Bei drei großdimensionierten Hörspielen des griechisch-österreichischen Komponisten übernahm Behrend die künstlerische Leitung: "Anastasis" (Saarländischer Rundfunk 1970), "Mantratellurium" (Westdeutscher Rundfunk 1971) und "Kybernetikon" Norddeutscher Rundfunk 1972).

Abb. 21: Claudia und Siegfried Behrend, ca. 1964

Behrends Wirken als Dirigent ist unauflösbar mit dem Namen zweier

29

Ensembles verknüpft: dem des Saarländischen und dem des Deutschen Zupforchesters. Beiden Klangkörpern, die sich nicht nur aus Berufsmusikern, sondern zu einem guten Teil auch aus Liebhabern zusammensetzten, führte der ehrgeizige Orchesterleiter zu einem professionellen Niveau: So verabschiedete er sich in der Kooperation mit den besagten Zupforchestern endgültig vom Tremolorausch der Altvorderen und überraschte das Publikum durch ein unsentimental straffes, dennoch farbenfrohes Musizieren von traditionellen Werken. Indem Behrend aber seine Mandolinen-, Mandola-, Gitarren- und Baßspieler fernerhin mit den Kompositionen progressiver Zeitgenossen konfrontierte und sie für das neuartig-ungewohnte zu begeistern vermochte, stieß er in unbekannte Hörwelten vor (so in "Styx" von Logothetis oder Haubenstock-Ramatis "Zeichen für S.B."), revolutionierte er, eine absolute Vorreiterrolle einnehmend, das eher brave Klangbild der konventionellen Zupforchester. Von Behrends Einsatz für die avantgardistische Musik und die Qualifizierung der Zupforchester führten direkte Wege zu einer weiteren Station.

Als er Mitte der sechziger Jahre seine spätere Ehefrau kennenlernte, die Schauspielerin Claudia Brodzinska, nahm er sich vor, ihren sprecherisch-vokalen Fähigkeiten Rechnung zu tragen. So entstand für sie die seinerzeit als Ensemblemitglied des Berliner Schillertheaters agierte, zudem eine gefragte Synchronsprecherin war und ihre ersten Fernseherfolge verbuchen konnte, ein eigenes, mehrere Konzertabende füllendes Repertoire: häufig in der Besetzung Gitarre und Stimme (etwa Bussottis "Ultima rara" oder Isang Yuns "Gagok") oder in dem Zusammenwirken von Sprechpartie und Zupforchester (etwa Stahmers "Flute Notes from a Reedy Fond" oder Günther Brauns Märchen "Vom kleinen Lommel") – Kombinationen, die Schule machten und vor allem auf die vielfältige Landschaft deutscher Zupforchester ausstrahlten.

Schließlich bleibt noch, des Komponisten Siegfried Behrend zu gedenken, der zu dem Interpreten in anverwandter Beziehung steht. Wie die Palette des Gitarristen Grundfarben aufwies, die von spanischer Volksmusik bis zur Avantgarde reichten, von der Klassik bis hin zur unterhaltenden Musik, so spiegeln sich diese Elemente auch im Oeuvre des Vielgewandten nieder. Folgerichtig finden sich hier Werke wie die noch in den fünfziger Jahren entstandenen "Spanischen Impressionen", die auf stilisierten Flamencotänzen basieren, oder das "Requiem auf Hiroshima" (1973) das mit seiner auf herkömmliche Notation verzichtenden Partitur, seinem der Wörter entsagenden Sprechpart dem unaussprechlichen Grauen des Atombombenabwurfs ein Mahnmal setzt. Und auch hinsichtlich der Gestaltung liegen die Übereinstimmungen auf der Hand. Liebte der Gitarrist ein schnörkelloses, partiturorientiertes Spiel, eine unromantische, silbrige Tongebung, arbeitete auch der Komponist mit unaufwendigen Mitteln, bevorzugte er die knappe Darstellung, hatte er es nie nötig, in geschwätziges Parlieren zu verfallen, weil ihm die intendierte Aussage klar vor Augen stand.

Siegfried Behrend, eine Reise, viele Stationen, und noch kein Ende ...

(Dieser Text erschien erstmals 1993 als Plattentext der CD „Siegfried Behrend - In memoriam" bei Thorofon CTH 2201/2.)

Abb. 22: Autogrammkarte der Deutschen Grammophon Gesellschaft, 1960er Jahre

Rüdiger Grambow

Siegfried Behrend und der Bund Deutscher Zupfmusiker

Die Neubelebung des Gitarrespiels in Deutschland, die seit den fünfziger Jahren in Deutschland einsetzte, ist mit dem Namen Siegfried Behrend untrennbar verbunden. Er rückte die Gitarre in den Blickpunkt einer breiten Konzertöffentlichkeit: als konzertierender Künstler, als Liedbegleiter, als Komponist einer großen Zahl von Werken für Gitarre sowie als künstlerischer Leiter von Zupforchestern. Er machte die Gitarre orchesterfähig und befreite die Mandoline von ihrem schmalzigen Image. Siegfried Behrend ist der Vater der Gitarristik in Deutschland.

Geboren am 19.11.1933, studierte Behrend am Klindworth-Scharwenka-Konservatorium seiner Heimatstadt Berlin Klavier, Dirigieren und Komposition. Als Gitarrist weitgehend Autodidakt, erwarb er sich bereits in jungen Jahren auf ausgedehnten Konzertreisen einen Namen als Virtuose. Im Auftrag des Auswärtigen Amtes und des Goethe-Instituts bereiste er mehrfach die ganze Welt. Er spielte vor dem Tenno und im Weißen Haus, ebenso wie im afrikanischen Kral, schlug die Saiten seiner 500 Gramm leichten Weißgerber in Alma Ata und in Albert Schweitzers Lambarene-Hospital an. 1954 spielte er noch dem greisen Toscanini vor.

Siegfried Behrend kannte die Welt und die Welt kannte ihn. Auf seinen Reisen erwuchs die Querverbindung zur Folklore der verschiedensten Völker, also jenes Wachstum in die Breite des Repertoires, welches ihn von anderen Spitzengitarristen unterschied. Er hatte auf seinen Reisen Lieder, Tänze und Melodien gesammelt wie andere Leute Postkarten, hatte sie einfach und kunstvoll für Gitarre oder Zupforchester gesetzt. Auf vielen Schallplatten von „Belina und Behrend" sind sie uns erhalten.

Behrend war aber nicht nur ein Virtuose der internationalen Spitzenklasse und damit eine stichbereite Trumpfkarte unserer Goethe-Institute, sondern auch ein Komponist von hohen Graden, dessen Stücke sowohl in ihrem Stil als auch in ihren Kombinationen mit anderen Instrumenten der Gitarre völlig neue Bereiche erschlossen. Sie entstanden eher aus Vorstellungen über Klänge und ihrer Beziehungen zueinander als auf der Basis strenger Regeln der Tonsatzlehre, was ihnen stets lebendigen Atem verlieh. Als Beispiele dafür mögen nur die Kombination zwischen Gitarre und Schlagzeug und die mit phonetischen Kompositionen zur Vokalstimme dienen. Über 1000 Werke sind aus Behrends Feder geflossen, vornehmlich für Gitarre oder Zupforchester, daneben Kammermusiken und Ballette - eine fast telemannsche Fruchtbarkeit - nur in viel höherem Maße, als das bei Telemann der Fall war, der Moderne und dem Experiment zugeneigt. Außerdem veröffentlichte Behrend zahlreiche Langspielplatten, darunter Anfang der siebziger Jahre bei der Deutschen Grammophon – was kaum bekannt ist – eine hervorragende LP (Nr. 2530037) mit Werken für Gitarre und Chor („Romancero gitano" op.152 von Mario Castelnuovo-Tedesco sowie „Perché" op.28 von Heinz Friedrich Hartig).

Es war wohl eine tiefe Abneigung gegen jede Form des Musik-Beamtentums, die ihm eine notorische Außenseiterrolle gegenüber allen akademischen Gitarrezirkeln zuwies. Er verwirklichte sich und seine Ideen als freier „Musikunternehmer", gab Unterrichtswerke heraus, gründete das „Musikfestival im Altmühltal" und das „Musikfestival im bayrischen Oberland", wirkte als Juror bei internationalen Interpretations- und Kompositionswettbewerben sowie beim Bundeswettbewerb "Jugend musiziert", konzertierte mit vielen Partnern, darunter seine Frau, die Schauspielerin Claudia Brodzinska-Behrend. Er bewegte sich stilistisch zwischen vielen Stühlen und nahm sich die künstlerische Freiheit, die Herrschaftsbereiche zwischen E- und U-Musik zu vermengen. Die Möglichkeiten solchen Grenzgängertums hat er erkundet und ausgelotet. Als Gitarrist, Kom-

34

ponist, Arrangeur und Dirigent verstand er es, klassische und weitgespann-
te Folklore-Traditionen, Avantgarde und selbst Reflexe der Pop-Kultur so
zu integrieren, dass zu seinen Konzerten Anhänger sonst säuberlich ge-
trennter Musik-Sozietäten kamen.

Vermutlich war es die Faszination von klanglicher Vielfalt und intimen
Reiz des Zusammenspiels verschiedener Zupfinstrumente, der Siegfried
Behrend erlag und sein Interesse an der Ensembleleitung eines Zupforchesters begründete. 1968 gründete er zusammen mit Adolf Mößner, damals Präsident des Bundes Deutscher Zupfmusiker, und Takashi Ochi
„Das Deutsche Zupforchester", um dem chorischen Musizieren auf Zupf-
instrumenten neue Impulse zu geben. Er führte das Orchester zu einem
klanglichen Niveau, das allseits aufhorchen ließ und als Initialzündung für
eine rasante Entwicklung des Zupforchesterspiels in Deutschland und darüber hinaus wirkte.

Da ihm vorhandene Originalliteratur für Zupforchester nicht ausreichte,
suchte Siegfried Behrend nach alter Lautenmusik sowie anderen geeigne-
ten Werken der Vergangenheit und bearbeitete sie für seine Orchesterfor-
mation. Gleichzeitig schuf er eigene Werke, die folkloristische Themen
aufgreifen oder sich mit Elementen der Neuen Musik auseinandersetzen.
Schließlich regte er namhafte zeitgenössische Komponisten an, das Repertoire für Zupforchester zu bereichern. Mauricio Kagel, Werner Heider,
Anestis Logothetis, Roman Haubenstock-Ramati, Dietrich Erdmann und
Herbert Baumann seien hier stellvertretend für viele genannt.

In einer Vielzahl von Meisterkursen und Seminaren hat Siegfried Behrend
alte Spieltechniken kultiviert, neue entwickelt und vermittelt sowie den
Sinn für ein instrumentengerechtes Musizieren geschärft. Damit wurden
Maßstäbe gesetzt im Hinblick auf Geschmacksbildung und Interpretation.
Behrend bekannte sich zu einem artikulatorisch und klangfarblich bered-
tem Musizieren, für das er mit „seinem" Deutschen Zupforchester seit

1968 wegbereitend gewirkt hat. Als Orchesterleiter zeichnete er sich vor allem aus durch ein musikalisches Durchgestalten bis in feinste Nuancen, das tonliche Ausarbeiten melodischer Spannungen und das klangliche Umsetzen harmonischer Strukturen. Siegfried Behrend hat wie kein zweiter nach dem Kriege Bewegung in die Entwicklung der Mandolinenmusik gebracht und wurde dafür vom Bund Deutscher Zupfmusiker bereits 1969 zum Ehrenmitglied ernannt.

Abb. 23: Dirigent des DZO

Obgleich er nie eine offizielle Funktion im Bund Deutscher Zupfmusiker innehatte, prägte er die Meinungsbildung durch Rat und Tat in diesem Verband entscheidend mit. Dass die Zupfmusik ohne Siegfried Behrend ein gutes Stück ärmer wäre, ist ein Gemeinplatz. Dass aber die Zupfmusik – zumindest in Mitteleuropa – dort nicht stünde, wo sie sich heute befindet, ist eine Aussage, die nicht über viele Virtuosen oder Komponisten gemacht werden kann. Auch in Oberitalien wie beispielsweise Mailand, Modena, Bologna und Brescia wirkte er regelmäßig in Meisterkursen und Fortbildungsseminaren und gab Anstöße zur Fortentwicklung des Gitarren- und Zupforchesterspiels.

Behrend schlug auch Brücken nach Übersee, wenn ihn seine Konzerttourneen wieder einmal in die weite Welt führten. So war er es, der den Kontakt zur Hongkong Guitar Society, zur Japan Guitar Society, zur Wellington Guitar Society oder zur Japan Mandolin Union für den Bund Deutscher Zupfmusiker herstellte, um nur einige Organisationen zu nennen. 1977 gab er den Anstoß für eine Konzertreise des Deutschen Zupforchesters nach Australien und Neuseeland, in deren Folge es dort zur Gründung der Federation of Australian Mandolin Ensembles kam, die bis heute sehr aktiv ist und enge Kontakte zu China und Japan pflegt. Auch der Ex-Präsident der Classical Mandolin Society of America, Norman Levine, ließ sich von Siegfried Behrend und seinen Aktivitäten anregen. Ugo Orlandi, einer der weltweit prominentesten Mandolinisten, besuchte als blutjunger Musiker Fortbildungskurse von Siegfried Behrend und bekam von ihm prägende Impulse.

Das Wirken Behrends darf aber nicht nur unter dem Gesichtspunkt der Selbstverwirklichung eines begnadeten Interpreten, Komponisten und Pädagogen gesehen werden, sondern ist auch unter dem Aspekt der kulturpolitischen Bedeutung zu betrachten. Zwei Elemente erscheinen mir da wesentlich. Ein Element ist die Integration des bisher als heterogen Empfundenen, wie beispielsweise die Symbiose von Folklore und Avantgarde, von Laienmusikalischem und professioneller Konzertmusik oder von Solistischem und Ensemblearbeit. In diesen Verbindungen spiegelt sich nicht nur eine außergewöhnlich breite musikalische Begabung, sondern auch eine wache Intelligenz, welche die Notwendigkeit übergreifenden Denkens und Tuns klar erkannte und daraus die richtigen Konsequenzen ableitete.

Das andere Element ist die Hereinnahme des Pädagogischen in die vorgegebene Künstlerexistenz, die Anerkenntnis, dass das eigene Instrument nicht nur Ausdruck der eigenen Person und Mittel zur Vermittlung von Werken ist, sondern auch als Möglichkeit zur Stiftung von künstlerischer Gemeinsamkeit und als Antriebskraft für einen ganzen Musikbereich dienen kann. Diese umfassende Lebenskonzeption lässt es zu, Siegfried Behrend zu jenen „humanistisch" gesinnten Menschen zu zählen, von denen heute im Missbrauch des Wortes so viel geredet wird, und von denen es in Wirklichkeit so wenige gibt. Dieses Ideal des „homo universale", seine Vielseitigkeit, sein gutes Verhältnis zur Tradition, seine Offenheit für das Neue finden wir in seiner Person wie in einer Symbolfigur zusammengefasst. Dafür haben wir Siegfried Behrend herzlich zu danken!

Die aktiven Kräfte der vierzehn nationalen Mitgliedervereinigungen der European Guitar and Mandolin Association (EGMA) haben mit Siegfried Behrend 1990 einen potenten künstlerischen Berater, einen hilfreichen Vermittler, einen wertvollen Mahner und Querdenker, einen wichtigen Impulsgeber, einen phantasievollen Projektinitiator, eine Leit- und Integrationsfigur sowie einen Botschafter der Zupfmusik verloren.

Wir alle haben mit Siegfried Behrend vor in diesen Tagen genau 28 Jahren einen Musikanten par excellence verloren, der zu selten gewordenen Vertretern seiner Zunft gehörte, die die Musikszene mit Farbe und Format der ganzen Person bereicherte.

Abb. 24: Siegfried Behrend und das Deutsche Zupforchester

Vorstand : Rüdiger Grambow
Konzertmeister: Takashi Ochi

Manuel Negwer

Siegfried Behrend und das Goethe-Institut –

‚Kulturprojekt Deutschland'

Das Land, das einst die Welt mit den Meisterwerken Bachs, Beethovens und Brahms' in Erstaunen versetzt hatte, vertrieb schließlich – vom Rassenwahn befallen – die Elite seiner Musiker in alle Himmelsrichtungen. Kein Wunder, dass es in den auf den Zusammenbruch folgenden Jahren unfähig war, über seine eng gewordenen Grenzen hinaus eine wahrnehmbare kulturelle Außenwirkung zu entfalten. Auch wenn Kaugummi, Lucky Strike, Schokolade oder Nylonstrümpfe die dringendste Befriedigung der Lebenslust sicherstellten, so erwiesen sich andere Importgüter als segensreicher für die werdende Bundesrepublik: die wiedergewonnene Gedankenfreiheit, freie Wahlen, ein neues Parlament namens Bundestag und vieles mehr. Auch durch die Musikszene wehte bald wieder eine frische Brise, als sich junge internationale Avantgardisten wie Pierre Boulez, Luigi Nono, Bruno Maderna, Mauricio Kagel, Györgi Ligeti – schließlich der anarchische John Cage - in Darmstadt oder Donaueschingen zu tummeln begannen.

Siegfried Behrend gehörte als 1933 Geborener nicht mehr der Generation der aktiven Kriegsteilnehmer an, er hatte jedoch zwangsweise „Anteil" genommen an den Schrecken des Krieges, die bei der Eroberung seiner Heimatstadt Berlin noch einmal zu einem mörderischen Feuersturm kulminierten. Die Davongekommenen stellten sich den endlosen Ruinenlandschaften mit nüchterner Erwartungslosigkeit und bezogen ihre Überlebenskraft nicht zuletzt aus immateriellen Gütern: das kulturelle Welterbe hatte den Holocaust und die Bombenteppiche überstanden, hatte sich als weitaus stärker, vitaler und widerstandsfähiger erwiesen als es sich die braunen Horden mit ihrer zusammengezimmerten Gewaltideologie, die auf dem vielzitierten Müllhaufen der Geschichte gelandet war, je hätten träumen lassen.

Siegfried Behrend sprach äußerst selten von den Schrecken des Kriegs, doch stammte sein lebenslang unüberwindliches Misstrauen gegenüber den selbsternannten Menschheitserlösern jedweder Couleur, seine abgrundtiefe Verachtung der Militärtechnokraten aus jener traumatischen Zeit. Und er konnte rigoros sein: Als er eines Tages in einem Programmheft eine Rundfunksendung über kubanische Revolutionsmusik unter dem Titel „Meine Gitarre ist mein Gewehr" angekündigt las, war er wütend, aus tiefster Empörung heraus zornig, eine Gefühlsregung, die er ansonsten stets zu beherrschen wusste. Nicht einmal als Metapher duldete er den Einbruch der unseligen Kriegswerkzeuge in den geschützten Bereich des Kreativen.

Ihm wurde die Gitarre auf ganz andere Weise zu einem Werkzeug, zu einem Schlüssel, der Zugang zu anderen, besseren, unbekannten, geheimnisvollen Welten versprach. Das Instrument, das in deutschen Landen bislang eher ein Mauerblümchendasein gefristet hatte, war in den 50er Jahren urplötzlich zum Faszinosum aufgestiegen. Als Instrument des Rock 'n Roll versprach es Freiheit und Erotik, als Requisit mediterraner Lebensfreude symbolisierte es Fernweh und Sinnlichkeit, kündete auf dem Scheitelpunkt der Schmalzwelle – „Freddie, die Gitarre und das Meer" – von salzigen Brisen, Wellenschlag und tropischen Stränden.

Der junge Siegfried Behrend zelebrierte die „Stunde Null" auf der Gitarre, erschuf sie sich gewissermaßen neu, und folgte dabei nicht den Großmeistern der spanisch-romantischen Richtung sondern entwickelte ein Klangideal, das eher an das Bauhaus denn an Tárrega gemahnte: sachlich, funktional, von gläserner Klarheit.

Man erkannte Siegfried Behrend auch im Ausland rasch als nicht alltägliche Erscheinung, die stets zu überraschen wusste. So schien sein auf den ersten Blick eher nüchternes Erscheinungsbild nicht so recht kompatibel mit seinem Instrument, das man doch eher in den Händen eines jugendlichen Rebellen in Jeans erwartete. Und dann noch im Frack. Eine Gitarre im Konzertsaal? Ein Gitarrespieler aus Deutschland? Doch, ich weiß schon ... der eifert doch diesem . . .na, wie heißt nochmal dieser berühmte Spanier . . . dem eifert er nach, jawohl. Die Erwartungshaltung wird nach einem erstaunten Blick ins Programm, spätestens nach dem Erklingen der ersten Töne ein zweites Mal durchbrochen: Keine feurigen Klänge aus dem Süden, weder zirpende Schrammelmusik, noch schmachtende „La Paloma", weder tümelnde Schuhplattler noch plüschige Schlaggitarrenklänge füllen den Saal sondern der silbrige schwebende Klang eines kostbaren Instrumentes, dessen spartanische Schmucklosigkeit den mannigfaltigen Gitarrenklischees keinen Raum lässt.

Max Mueller Bhavan, Doitsu Bunka Senta, Sociedade Teuto-Brasileira, Asociación Cultural Humboldt, Instituto Cultural Boliviano-Alemán...

Nicht immer sind die Zweigstellen des Münchner Goethe-Institutes auf Anhieb als solche zu identifizieren, zu unterschiedlich sind die rechtlichen oder politischen Gegebenheiten in den Gastländern, die mitunter zu einer von der „corporate identity" abweichenden Namensgebung zwingen. So verwies der in Indien landesweit bekannte Indologe Max Mueller Goethe als Namenspatron auf die Plätze, und auch in Venezuela setzte sich der lateinamerikakundige Universalgelehrte Alexander von Humboldt gegen ihn durch. Was sich heute als beeindruckendes Netzwerk von weltweit 159 Instituten in 98 Ländern darbietet, begann unter bescheidenen Vorzeichen: 1951 kam es zur Gründung des Goethe-Instituts in München, ein zartes Pflänzchen, das die organische Verflechtung Deutschlands mit der Welt

wiederherstellen und dazu beitragen sollte, die Identität der schwer be-
schädigten Kulturnation zu reparieren. Das in vielen Ländern Europas als
Sprache der Vergewaltigung und Unterdrückung verhasste Deutsch sollte
in die Obhut der Literatur, Philosophie und Wissenschaft zurückgeführt
werden. Eine erste Unterrichtsstätte entstand 1953 in Bad Reichenhall.
Doch was sollte, konnte, durfte man der Welt noch an „deutschem Wesen"
zumuten? Waren die Wunden nicht zu frisch, die Ressentiments nicht zu
dünnhäutig? Erste Zweigstellen im Ausland wurden eröffnet, die sich bereits der Kulturvermittlung annahmen: Athen, Turin, Beirut und Damaskus. Es sollten noch viele folgen, und so schließen die in unseren Tagen
hinzugekommenen Kulturinstitute in Rangun, Kinshasa, Nowosibirsk und
Luanda den Kreis, den das Goethe-Institut mit seinem Netzwerk inzwischen um den Erdball gelegt hat.

Abb. 25: Konzert am 26. Juni 1968 im Goethe-Institut in Osaka mit Takashi Ochi
und Iwao Takamine

Besonders die Musik schien ein ideales Medium, um in den Dialog der Kulturen einzusteigen, konnte sie doch Menschen nonverbal miteinander verbinden, ohne dass die Gefahr von Missverständnissen entstand. Auch war hier ein Rest von Weltgeltung selbst in den schlimmsten Jahren nie vollends verblasst, und originelle, unverbrauchte und unternehmenslustige junge Musiker konnten auf eine Chance hoffen.

Und Siegfried Behrend erkannte rasch diese Chance und ergriff sie, in dem Bewusstsein, dem Goethe-Institut etwas unvergleichbar Wertvolles anbieten zu können: Seine Kreativität, seine Neugierde, seine vorurteilslose Offenheit gegenüber dem Reichtum der Weltkulturen. Und natürlich sein unerhört agiles, flexibles und kurzweiliges Musikantentum, dessen künstlerischen Fundamente bei aller Leichtigkeit eben doch in der jahrhundertealten europäischen Musikkultur, bei Monteverdi, Dowland, Weiss oder Milan in den Tabulaturen und Spielbüchern der Lautenisten und Troubadoure wurzelten. Im Gegenzug verhalf ihm das Goethe-Institut mit seinen weitgesponnenen Verbindungen zu einem Wirkungskreis, der auch heute noch jeden Musiker vor Neid erblassen lässt. So entstand eine gleichberechtigte Partnerschaft, denn Behrend hatte nicht nur das Zeug zum Kulturmanager, er war selbst einer und zweifellos ein sehr effizienter. Der Zusammenarbeit mit dem Goethe-Institut kam dies immer wieder zugute, denn er brachte seine Kontakte zur Musikwelt in die Arbeit mit Goethe-Institut ein. Etwa als das Goethe-Institut Rom 1969 an Sylvano Bussotti einen Kompositionsauftrag vergab: Ergebnis war die „Ultima rara", wiederum Siegfried Behrend gewidmet und von ihm uraufgeführt. Oder das von den Goethe-Instituten in Brasilien 1975 ausgelobte und von Siegfried Behrend organisierte Preisausschreiben für brasilianische Komponisten. Dass Jorge de Freitas Antunes – sein Stück „SIGHS" wurde damals mit dem 1.Preis ausgezeichnet – inzwischen zu den erfolgreichsten brasilianischen Komponisten nach Villa-Lobos gehört, bestätigt das ganze Unternehmen im Nachhinein auf eindrucksvolle Weise. Besonders fruchtbar war die Zusammenarbeit stets, wenn Siegfried Behrend auf kongeniale Institutsleiterpersönlichkeiten traf, die sich nicht als Kulturverwalter sondern als Mitgestalter von innovativen Projekten verstanden.

Doch wie sah der Alltag des Goethe-Reisenden Siegfried Behrend aus? Ein Beispiel aus dem Herbst 1976: Schauplatz Südkorea, Seoul und Umgebung, turbulente Millionenmetropole mit ungezählten Musikliebhabern und Musikern, die sich der westlichen Musik verschrieben haben.

Dienstag, 12.Oktober, 14.00 - 17.00 Uhr

Workshop am CBS-Institute: Rhythmische Studien für Gitarre

Mittwoch, 13.Oktober, 14.00 - 17.00 Uhr

Workshop am Goethe-Institut Seoul: Rhythmische Studien für Gitarre

Donnerstag, 14.Oktober, 14.00 - 17.00 Uhr

2. Workshop am CBS-Institute: Rhythmische Studien für Gitarre

Freitag, 15.Oktober, 19.00 Uhr

Konzert an der Ehwa Girls High School Seoul

Samstag, 16.Oktober, 19.00 Uhr

Konzert am Kulturinstitut Chuncheon (Provinz Kangwon)

Montag, 18.Oktober, 19.00 Uhr

Konzert an der Keimyung Universität

Mittwoch, 20.Oktober, 19.00 Uhr

Konzert in der City Hall in Pusan

Donnerstag, 21.Oktober, 19.00 Uhr

Konzert in der City Hall in Kwangju

Wer sich ein derartiges Programm vornimmt, muss genau wissen, was er sich zumuten kann. Die durch Jet-lag, klimatische Unterschiede und bei aller Faszination doch auch stets risikobehaftete Umstellung der Ernährung sind Unwägbarkeiten, die kaum zu bemessen sind, vor allem im Zusammenwirken mit einer straffen Zeitplanung und der Notwendigkeit, künstlerisch stets in Hochform zu bleiben.

Wenn die Konzertprogramme von Siegfried Behrend aus den 60er und 70er Jahren aus der heutigen Perspektive mit ihrer hohen Spezialisierung mitunter wie der vielzitierte Bauchladen anmuten, so wird auf den zweiten Blick deutlich, dass sie wie ein Brennglas des damaligen Spektrums fungieren und es darüber hinaus ergänzen. Das Angebot, das Behrend präsentierte, hatte ja stets auch den Charakter des Probierens, des Ertastens, der Annäherung an neue Klangerfahrungen. Offenheit als Prinzip, die Tugend der Variation, die in Form von Bearbeitung, Skizze, Studie, altbekannte Elemente mit Neuem mischt.

Siegfried Behrend wusste aus fremden Kulturen Kraft zu schöpfen, sie in die eigene Lebensenergie zurückfließen zu lassen. Aus der Fülle der Stationen, die er unermüdlich bereiste, ergaben sich ganz zwangsläufig Schwerpunkte, in denen sich Geistesverwandtschaft, Empathie, Wohlbefinden herauskristallisierten: Die italienische Lebensart, die barocke Grandezza mit der Proportion des „goldenen Schnitts" zu verbinden wusste, die großherzige orientalische Gastfreundschaft mit ihrer Zelebrierung märchenhafter Genüsse, der filigran ritualisierte japanische Feinsinn für das ästhetische Zusammenspiel von Form, Farbe und Inhalt. Dies alles faszinierte ihn nicht nur, sondern er versuchte es nachzuleben, ohne in imitatorische Posen zu verfallen.

Eine neue Generation von Gitarristen ist herangewachsen, gut ausgebildet, virtuos, mitunter brillant. Doch Siegfried Behrend war jemand, der über die sechs Saiten seiner Gitarre auf die vier Himmelsrichtungen zu schauen gewohnt war. Und auch die angebliche Weisheit, jeder sei irgendwann ersetzbar, findet an seiner geradezu eruptiven Kreativität und Umtriebigkeit ihre Grenzen. Ein ebenbürtiger Nachfolger hat sich jedenfalls noch nicht eingefunden.

Abb. 26: Konzert am 26. Juni 1968 im Goethe-Institut in Osaka mit Takashi Ochi (Mandoline) und Iwao Takamine

Helmut Richter

Siegfried Behrend – Stationen einer Künstlerlaufbahn

Katalog zu einer Plakatausstellung, die im September 2000 in der städt. Galerie im Schloss Oberhausen gezeigt wurde.

Plakat: *meist öffentlich angebrachter Anschlag aus dem Bereich des Graphik-Design. Die werbende Absicht fast aller Plakate verlangt, dass Zuordnung von Bild und Text sowie die farbliche Gestaltung für die Vorübergehenden auffällig, ansprechend, schnell fasslich sind; auch soll es in der Erinnerung haften bleiben.* (nach: Der grosse Brockhaus)

In Zeiten hektisch bewegter Fernsehbilder, der HTML – Seiten des Internets und der aufdringlichen Videoclips, ausgefeilter Marketing- und Kommunikationsstrategien mit alle ihren „Events" und der überwältigenden Medienvielfalt wirken Plakate als Mittel der Werbung für Konzertveranstaltungen schon fast wie ein Relikt vergangener Zeiten. Schade!

Schade deshalb, weil die Gestaltung von Plakaten dazu zwingt, die Botschaft knapp und präzise an den Adressaten zu bringen: nicht bewegte Bilder – mit Musik und Text untermalt – oder Anzeigenserien in vielfacher Wiederholungsfrequenz sollen die Aufmerksamkeit des potentiellen Publikums erwecken, sondern Plakate müssen Blickfang und kurzgefasstes Informationsmedium gleichzeitig sein: Wer? Was? Wo? Wann?
Deshalb, weil sie nur auf einen festen (Zeit-) Punkt hin ausgerichtet sind und jeweils ein Unikat: Konzertplakate weisen auf das *eine* musikalisches Ereignis in einer Stadt, in einem Ort hin, auf nichts mehr.
Deshalb auch, weil sie immer schon auch ein Mittel künstlerischer Gestaltung waren, es sei in diesem Zusammenhang nur an die Plakate eines Andy

Warhol oder eines Toulouse – Lautrec erinnert, die heute noch als Kunstwerke in den Museen der Welt bewundert werden.

Abb. 27: Aufnahme zu Konzertplakaten, 1965

Plakate sind aber zugleich ein stilistisches Zeugnis ihrer Zeit; geben Auskunft über die „Wichtigkeit" des Beworbenen und sie spiegeln die Möglichkeiten – auch die finanziellen ihrer Auftraggeber oder Autoren – wider. Von der einfachen, selbst gestalteten Information im Schaukasten des Veranstaltungsortes bis hin zu breit angelegten Kampagnen für musikalische Großereignisse: eine reiche Palette mit einer riesigen Gestaltungsvielfalt.

Es gab und gibt immer wieder Werkschauen von einzelnen Plakatkünstlern wie John Heartfield, Andy Warhol oder Klaus Staeck und themenorientierte Ausstellungen wie „Werbeplakate", eine Rarität aber ist eine Ausstellung von Plakaten eingerichtet worden, in der Plakate zu Bewerbung eines Produkts, in diesem Fall eines Künstlers gezeigt werden.

Die Ausstellung „Stationen" zeichnet den Werdegang des musikalischen Weltenbummlers Siegfried Behrend anhand seiner Konzertplakate nach, angefangen bei den ersten Versuchen des noch 17-jährigen Künstlers, in der entbehrungsreichen Nachkriegszeit mit teilweise graphisch eigenwillig selbstgestalteten Plakaten auf sich aufmerksam zu machen und der ersten Erwähnung auf Konzertankündigungen eines Zupforchesters als Gitarre - Solist.

48

Dann die Arbeit an der komischen Oper in Berlin und die Zusammenarbeit mit der Tänzerin Ilse Meudtner zu Beginn der 50er Jahre; die ersten Erfolge werden dadurch deutlich, dass der Name Behrend immer größer erscheint.

Dann der Weg zum Zenit des Erfolgs mit großflächigen Plakatgestaltungen und entsprechend großen Lettern für Behrend allein, zusammen mit der Sängerin Belina oder mit seiner Frau, der Schauspielerin Claudia Brodzinska. Plakate, die oft genug Tausende von Menschen in die Konzertsäle dieser Welt einluden.

Dann – in seine letzten Lebensjahre und auf den Abbildungen schon von Krankheit gezeichnet, zusammen mit seinen ehemaligen Schülern Martin Krüger und Michael Tröster – im Duo; auf dem letzten Plakat erstmals ohne eine eigene Gitarre.

Beachtenswert ist besonders in den konservativen 60er Jahren die ungewöhnliche Darstellung Behrends als Interpret klassischer Musik: zu Zeiten, als sich andere Künstler zumindest im schwarzen Frack und in kunstvoller Pose ablichten ließen, zeigte sich der eigenwillige Gitarrist im einfachen schwarzen Mantel oder im Rollkragenpullover inmitten des Großstadtgetümmels, oft genug lässig mit einer Zigarette im Mundwinkel.

So wie die Konzertveranstaltungen und Behrends musikalischer Stil sind konsequenterweise auch die Plakate der 60er und der frühen 70er Jahre gestaltet.

Die Beschränkung auf das Wesentliche im Bühnenbild – oftmals nur ein Stuhl vor schwarzem Hintergrund, angestrahlt von einem einzigen Scheinwerfer – das eher nüchterne, sachliche, sich auf das Wesentliche konzentrierende Spiel des Künstlers mit leidenschaftslosem, fast gleichgültigem Gesichtsausdruck, der Verzicht auf überflüssige Show-Mätzchen, spiegelt sich in der plakativen Gestaltung wider: sachliche, existenzialistisch anmutende schwarz-weiße Graphiken, die sich teilweise nur auf die Darstellung der Umrisse beschränken, mit kurzen, knappen Informationen zum musikalischen Geschehen. Größtmögliche Authentizität nicht nur im konzertanten Spiel und in der Behrend – typischen Aufnahmetechnik der Schallplatte, sondern auch in der Ankündigung seines Tuns.

Gegen Ende der 60er Jahre wandte sich der vielseitige Künstler zunehmend auch der neuen Musik – der Avantgarde – zu: die entsprechenden Konzertankündigungen passten sich in der graphischen Gestaltung stilistisch auch hier den musikalischen Inhalten an.

Von den fünfziger Jahren bis zum Beginn der neunziger: eine immens lange Spanne internationaler künstlerischer Präsenz, die sich in den jeweiligen Konzertankündigungen widerspiegelt.

Wir haben versucht, aus den einigen hundert uns vorliegenden Plakaten zu den Konzerten Behrends einen möglichst repräsentativen Querschnitt herauszusuchen – sowohl unter zeitlichen als auch unter inhaltlichen Aspekten.

Parallel zu den Plakaten werden in der Ausstellung chronologisch zugehörige Bühnen- und Privatfotos des Künstlers zugeordnet, um die enge Korrespondenz zwischen Plakat- und Bühnenerscheinung zu verdeutlichen.

Die meisten Daten ließen sich naturgemäß sehr einfach ermitteln, sind sie doch auf den jeweiligen Plakaten aufgedruckt.

In Fällen, in denen nur das Datum, nicht jedoch das Jahr angegeben ist, wurde die Jahreszahl einerseits durch Abgleich von Datum und Wochentag, andrerseits durch den Standort in der chronologisch sortierten Originalsammlung Behrends ermittelt.

Bedingt durch das Druckverfahren können die Abbildungen nur in schwarz-weiß wiedergegeben werden – was in den meisten Fällen dem Original entspricht. In Fällen farblicher Gestaltung der Plakate werden die jeweils verwendeten Farben vermerkt. Sofern nicht anders angegeben handelt es sich um Siebdrucke.

Abb. 28: Siegfried Behrend: Zwei Gitarren, 1951

Original – Graphik von Siegfried Behrend
(Kopie des Titelblattes einer amerikan. Gitarrezeitschrift?)
30 cm x 20 cm, rote und schwarze Tusche auf beigefarbenem Karton.
Behrend spielte zur dieser Zeit gerade 10 Monate Gitarre.

Stationen – Plakate einer Künstlerlaufbahn

1951 – 1960 Auf dem Weg zur Weltkarriere

Das erste Plakat der Sammlung, auf dem der Name Behrend erwähnt wird, ist eine Konzertankündigung des Mandolinen-Orchesters von Jorge Chartofilax, einem griechischen Musiker, der mit seinem Orchester in der damaligen sowjetischen Besatzungszone und in Berlin tätig war. Behrend hatte als 17-jähriger Gitarrist im Rahmen der Konzerte erste Gelegenheit zu solistischen Auftritten. Bemerkenswert ist der Stempel am rechten unteren Ende des Plakats, in dem auf seinen Gitarrenbauer hingewiesen wird: Richard Jakob „Weißgerber"; eine Angewohnheit, die Behrend bis zuletzt beibehalten hat, indem er die Herkunft seiner Gitarre immer auf den Programmen angab.

Nr. 1: 4. November 1951, Berlin
Format : 30 cm x 41 cm Farben : rot und schwarz auf weißem Papier
Stempel : Konzert-Gitarre „Weissgerber".

Ein weiteres Zeugnis aus der damaligen Berliner Mandolinen- Szene ist eine Konzertankündigung des 1. Neuköllner Mandolinen-Club: Behrends Name, nun schon etwas größer und als Gitarre – Solist erwähnt, erscheint auf dem Plakat gleichwertig mit dem von Ilse Meudtner, einer in der damaligen Zeit sehr bekannten Tänzerin.

Mit ihr zusammen studierte Behrend ein von spanischer Folklore inspiriertes Programm ein, in dem er spanische Tänze auf der Gitarre spielte, zu der sie Flamenco tanzte.

Die künstlerische Zusammenarbeit zwischen den beiden war der erste wichtige Schritt auf dem Weg zur Karriere Behrends. Bis zuletzt hatte er eine Vorliebe für spanische Volksmusik, die sich in zahlreichen Kompositionen stilisierter spanischer Volksmusik zeigt.

Nr.2: 7. Dezember 1952, Berlin 61 cm x 43 cm, schwarz auf gelbem Papier
An dem folgenden Plakat wird der erste Durchbruch des gerade 18-jährigen deutlich: der Name alleine in großen Lettern, schon die Bezeichnung „Meister-Gitarrist".

Nr. 3: 2. April 1952, Berlin. 28 cm x 60 cm, schwarz und rot auf Papier, Stempel : „Konzert-Gitarre: Weissgerber.
Das Verzeichnis der gespielten Werke liest sich zwar noch wie ein Lexikon der Gitarrenliteratur, jedoch sind die meisten der Stücke schon von Behrend selbst bearbeitet bzw. komponiert. Erneut sei das Augenmerk auf den Stempel mit dem Hinweis auf die Herkunft der Gitarre gelenkt.

Der außergewöhnliche Erfolg mit der Partnerin Ilse Meudtner dokumentiert sich in der Ankündigung des „Spanischen Abend", mit dem Meudtner und Behrend im Bereich der späteren DDR und in Berlin konzertierten. Die Konzerte waren stets ausverkauft und lockten Tausende von Zuhörern in die Konzertsäle. Die von Behrend gespielten spanischen Tänze waren zumeist eigene Bearbeitungen typischer spanischer Flamencotänze.

Nr. 4: 1954, Berlin 75 cm x 50 cm Entwurf, handgeschrieben weiße und schwarze Schrift auf rotem Fotokarton, eingeklebte Originalfotos.

Nr. 5, 1954, Berlin schwarze Schrift auf gelbem Papier. Einladung zu einer Tanzmatinnee mit „spanischen Tanzgestaltungen".

Ankündigung einer Veranstaltung „Der Stier" mit Ilse Meudtner u.a. Die Musik ist offensichtlich komplett von Behrend komponiert, die ganze Veranstaltung hat mittlerweile den Charakter eines Theaterstücks erhalten: nicht wahllos aneinandergereihte Flamencotänze, sondern Tanz eingebunden in eine sinnvolle Handlung.

Nr. 6: 5. März 1954, Berlin

11.März1954,

Berlin, Intimes Theater

60 cm x 42 cm, schwarze Schrift auf rot / weißem Hintergrund.

Trotz der ersten Erfolge auf dem Konzertpodium sind handgemalte und -gefertigte Plakate immer noch erforderlich, wie in dem nachfolgenden Beispiel ersichtlich ist. Linde Höffer von Winterfeld war in den 50er Jahren eine gefragte Flötenspielerin in Berlin, Karl-Heinz Brixner ein junger Gitarrist und damals zeitweilig Behrends Duopartner.

Nr. 7: 1. Juni 1955, Berlin.

51 cm x 37 cm

Handgemalt.

Bemerkenswert ist dieser von Behrend selbstgefertigte Plakatentwurf etwa aus dem Jahr 1954/55: erste Konzertkritiken werden für die Werbung verwendet. Als Schrifttypen für den Entwurf dienten Vorlagen aus früheren Plakaten (vgl. z.B. Nr. 3)

Nr. 8: ca. 1954/55 58 cm x 43 cm Collage aus verschiedenen Plakaten
Schon bald nach der Berliner Zeit an der komischen Oper entspann sich

eine rege Konzerttätigkeit im In- und im Ausland, von denen die nachfolgenden Plakate zeugen.

Nr. 9: 19. März. 1958, Türkei 100 cm x 70 cm, Rote und schwarze Schrift auf weißem Papier.

Nr. 10: 10. Feb. 1958, Deutschland

62 cm x 45 cm

Handgefertigtes Plakat Fotokartonstreifen auf Karton aufgeklebt

Ein sehr schönes Beispiel für ein handgefertigtes Konzertplakat: die Umrisse

der Gitarre, die Buchstaben, sogar die Saiten und die Holzmaserung der Gitarre sind aus Pappstreifen ausgeschnitten und auf Fotokarton aufgeklebt.

Ein besonders schönes Zeugnis der Anfangsphase der künstlerischen Laufbahn Behrends ist das Plakat vom 25. Januar 1959 aus Frankreich, der genaue Ort konnte leider nicht mehr ermittelt werden.

Das Plakat ist handgemalt und stilistisch sehr eigenwillig gestaltet.

Nr. 11: 25. Januar 1959, Frankreich

Handgemalt, rot auf weißem Hintergrund.

50 cm x 65 cm, keine Signatur.

Als Beleg für den endgültigen internationalen Durchbruch Behrends kann wohl der 20. internationale Gitarristenkongress gewertet werden, der von Behrend 1958, also erst sieben Jahre nach seinem ersten öffentlichen Erscheinen als Gitarrist, in Berlin veranstaltet wurde.

Das Programmheft zum „20. Internationalen Gitarristenkongress" enthält Programme zu 14 verschiedenen Konzerten mit der Gitarre, in 13 davon ist Siegfried Behrend als Solist oder Kammermusikpartner beteiligt; also pro Tag ein anderes Programm, davon teilweise sehr schwierige und anspruchsvolle Literatur – dies alles neben den Organisationsarbeiten für den Kongress, einem Meisterkurs sowie von ihm durchgeführten Vorträgen.
(s. S. 158)

Nr. 12: Nov. 1958, Berlin

Internationaler Gitarristenkongress, Berlin, gelb auf weißem Papier 60 cm x 42 cm, Signatur unleserlich.

An einem Abend spielte der 25-jährige zusammen mit dem RSO Berlin drei Konzerte für Gitarre und Orchester: Castelnuovo-Tedesco, Rodrigo „Aranjuez" und Hartigs „Concertante Suite", Werke, die zu den schwierigsten in der Gitarrenliteratur zählen. Das Programmheft weist zudem zahlreiche Anzeigen von Musikverlagen auf, die hunderte von Behrend besorgte Notenausgaben eigener und fremder Kompositionen anbieten. Fast schon selbstverständlich scheint in diesem Zusammenhang zu sein, dass sogar „Siegfried Behrend Gitarresaiten" angeboten werden.

Ein Management im heutigen Sinne gab es damals noch nicht – Behrend war mit 24 Jahren sein einziger – und offensichtlich bester – Manager.

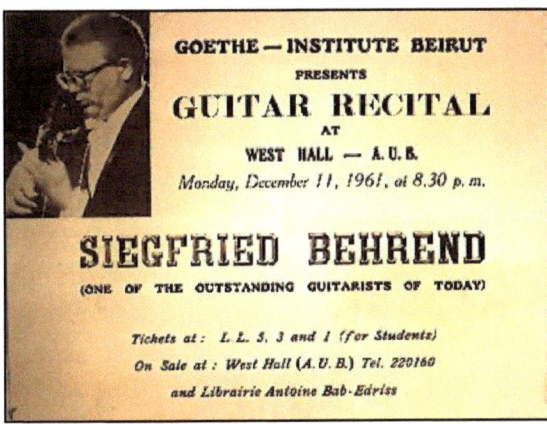

In den 60er und 70er Jahren entspann sich eine rege, weltweite Konzerttätigkeit, sowohl solistisch als auch mit der Sängerin Belina, mit der er internationale Folklore und jiddische Lieder aufführte. Als Solist hatte er bereits internationales Renommee, Attribute wie „Satan auf Saiten" und „Paganini der Gitarre" belegen die virtuose Beherrschung des Instruments. Als „Botschafter der Musik" war es im Auftrag des Auswärtigen Amtes und des Goethe-Institutes weltweit tätig.

Nr. 13: 11. Dez. 1961, Beirut Goethe-Institut Beirut, 39 cm x 30 cm, schwarze Schrift auf weißem Grund.

Nr. 14: Köln, 5.November 1961
87 cm x 60 cm
schwarz/rot auf weißem Papier

Nr. 15: Indonesien, 1962
100 cm x 65 cm

Eine besondere Station in Behrends Karriere war die Zusammenarbeit mit der jüdisch-polnischen Sängerin Belina, mit der er internationale Erfolge feierte, der mit denen erfolgreicher Schlagerstars oder Popgruppen vergleichbar war.

Von dieser Formation existieren zahlreiche teilweise graphisch sehr schön gestaltete Plakate, von denen einige nachfolgend dargestellt sind.

Nr. 16: 28. Oktober 1964, Selb, 84 cm x 60 cm, rote Schrift auf schwarzem Grund.

Nr. 17: 12. Dez. 1964, Indien
50cm x 70 cm
rote und blaue Schrift auf weißem Papier

Nr. 18: 13.Januar 1965, Indonesien

51 cm x 88 cm   handgemalt auf schwarzem Karton

Nach etwa 10 Jahren Konzerttätigkeit hatte Behrend alle Länder der Welt (außer Grönland) mit seiner Gitarre bereist; seine Tourneen rund um den Globus dauerten mitunter 200 Tage mit nahezu täglichen Konzertveranstaltungen.

Nr. 19: 3. Juni 1965, Rhodesien
43 cm x 36 cm handgemalt.
Signatur : Sis

Nr. 20: 23./24. Oktober 1965, Berlin. 84 cm x 60 cm.

2. Deutschlandtournee

Nr. 21: 1966, 84 cm x 60 cm. Plakat zur 3. Deutschlandtournee

Nr. 22: 7. November 1967, Berlin, 84 cm x 60 cm

Nr. 23: 15. Okt. 1969, 42 cm x 30 cm

Ein Plakat zu einem Benefiz-Konzert, von denen Behrend zahlreiche durchgeführt hat, insbesondere für das Urwald-Hospital in Lambaréné unter der Leitung von Albert Schweitzer, mit dem Behrend

persönlich bekannt war.

Dass Behrend während seiner Zusammenarbeit mit der Sängerin Belina weiterhin solistisch tätig war, belegen die Konzertplakate zu Soloabenden.

Nr. 24: 2. Oktober 1965, Berlin, Philharmonie 84 x 60 cm, 2. Deutschlandtournee, Soloabend klass. und span. Gitarre.

Bemerkenswert ist, dass Behrend schon im Jahr 1965 in Japan Konzerte ausschließlich mit neuer Musik angeboten hat.

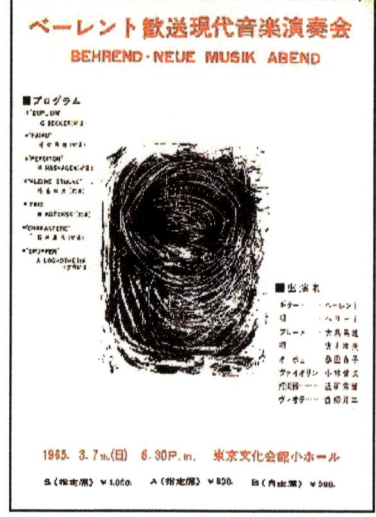

Nr. 25: 7. März 1965, Japan

65cm x 44 cm, Soloabend Neue Musik

Nr.

26: 1966 Plakat zur 3. Deutschlandtournee, s/w – Foto, 84 cm x 60 cm

Bemerkenswert ist die Darstellung Behrends: nicht als klassischer Musiker im Frack, sondern mit Sonnenbrille und lässig einer Zigarette im Mundwinkel; dies 2 Jahre vor den 68ern!

Nr. 27: 22. Mai 1966, Berlin 84 cm x 30 cm, rot/schwarze Schrift auf weißem Papier

Die Geschichte der Gitarre – Ein Gesprächskonzert, in dem Behrend die Entwicklungsgeschichte der Gitarre anhand von Musikbeispielen erzählte. Das Programm erschien zudem auf einer seiner über 120 Langspielplatten.

Nr. 28: 17. Februar 1971, Berlin Gitarre und Percussion

84 cm x 60 cm   blau und rot auf weißem Papier.

Seit Beginn der 70er Jahre experimentierte Behrend verstärkt mit ungewöhnlichen kammermusikalischen Besetzungen wie Gitarre und Percussion oder Gitarre und Oboe, sowie – zusammen mit seiner Frau, der Schauspielerin Claudia Brodzinska-Behrend – mit Gitarre und Sprechstimme.

Eine besondere Vorliebe Behrends galt der Musik der Avantgarde; er regte zahlreiche Komponisten zu Kompositionen für diese ungewöhnlichen Besetzungen an.

Nr. 29: 10. November 1972

84 cm x 60 cm, weiße Schrift auf schwarzem Grund.

Ein Konzert fast nur mit neuer Musik, die „voce humana" wurde von Behrends Frau Claudia interpretiert.

Nr. 30: 6. Nov. 1972, Frankreich

62 cm x 45 cm

violette Schrift auf s/w - Grund

Bemerkenswert ist hier erneut die für einen Konzertmusiker untypische Darstellung auf einem Plakat; in der heutigen Zeit nicht mehr so ungewöhnlich wie damals.

Das Plakat war eines von Behrends „Standard" – Plakaten, die Konzertdaten wurden von den Veranstaltern jeweils eingedruckt.

Nr. 31: 13. März 1974, Kanada

56 cm x 44 cm, rote Schrift auf weißem Grund

grau eingefärbte Graphik.

Die Abbildung zeigt Behrend vor dem Charlottenburger Schloss und entstammt einer Fotoserie, die für Schallplattencover der Deutschen Grammophon Gesellschaft hergestellt worden ist.

Nr. 32: 13. Februar 1977, London

76 cm x 51 cm

dkl.blau auf weißem Grund.

Die Wigmore Hall in London gehört zu den weltweit „allerersten Adressen", insbesondere für Gitarristen, da dieser Raum eine besonders schöne Akustik hat.

Da das Londoner Konzertpublikum als besonders kritisch gilt, ist es für jeden Musiker ein Meilenstein in der Karriere, wenn ein Konzert in der Wigmore Hall freundlich aufgenommen wird.

Nr. 33: 25. Feb. 1977 München

84 cm x 60 cm, weiße Schrift auf schwarzem Grund

Vorlage für die Abbildung des Künstlers auf dem Plakat war das von Behrend zu dieser Zeit verwendete Autogrammfoto.

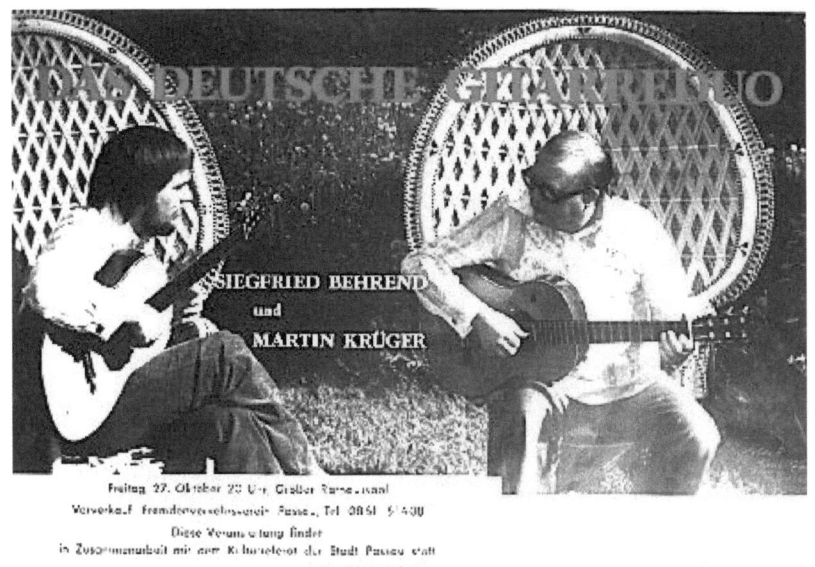

Nr. 34: 27. Oktober 1978 84 cm x 60 cm, rote und weiße Schrift auf s/w-Grund.

Zusammen mit seinem ehemaligen Schüler Martin Maria Krüger formierte Behrend das „Deutsche Gitarrenduo". Die Fotoaufnahmen entstanden in Behrends Wahlheimat Wall in Bayern durch einen befreundeten Nachbarn.

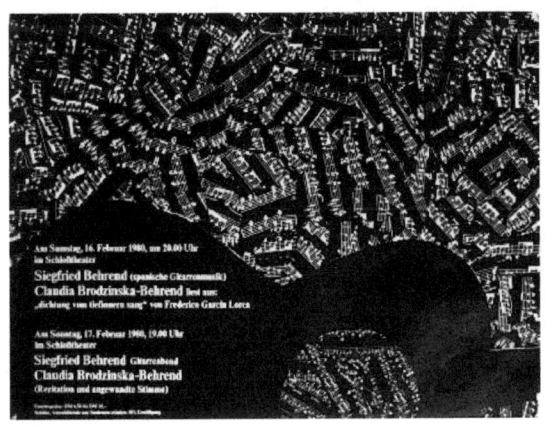

Nr. 35: 16./17. Feb. 1980, 59 x 41 weiße Schrift auf schwarz. Ein sehr schönes Plakat für die Ankündigung eines Konzertes mit Behrend und seiner Frau Claudia (Rezitation und angewandte Stimme).

Nr. 36: ca. 1986, Japan

70 cm x 51 cm

weiße und gelbe Zeichen auf s/w-Grund hochglänzendes Papier.

Behrend war ein Liebhaber und Kenner Japans und wurde – so wird erzählt – in Japan fast „wie ein Gott" verehrt.

So oft es ging bezog er den fernen Osten und besonders Japan in seine Tourneeplanungen mit ein.

Nr. 37: 1986, Japan

52 cm x 72 cm,

weiße Zeichen auf magenta und schwarz.

Ein weiteres Plakat von der letzten Solo-Reise nach Japan. Bemerkenswert ist hier die „konzertgerechte" Darstellung des klassischen Musikers Behrend. Während der Tournee absolvierte Behrend Live- Aufnahmen im japanischen Fernsehen, die zur besten Sendezeit landesweit ausgestrahlt wurden.

베렌트 · 트뢰스터
환상의 기타 2 중주

1989년10월26일 (목) 오후 7 시30분
예술의전당 리사이틀홀

주최 / 國 국제문화회

DAS DEUTSCHE GITARREDUO

Nr. 38: 26. Oktober 1989, Südkorea, 38 cm x 53 cm, blau auf weißem Grund. Zusammen mit seinem ehemaligen Schüler Michael Tröster bildete Behrend eine neue Besetzung des „Deutschen Gitarrenduo". Das abgebildete Plakat ist das letzte Konzertplakat, auf dem Behrend (ohne Gitarre!) zu sehen ist. Die Tournee mit Michael Tröster war seine letzte größere Auslandsreise. *Siegfried Behrend starb am 20. September 1990 in seiner Wahlheimat Wall bei Miesbach im bayerischen Oberland, einem kleinen Ort mit kaum mehr als 500 Einwohnern.*

Abb. 29: Zusammen mit dem damaligen Bundenpräsidenten Walter Scheel

Abb. 30: Gitarrenduo mit Jiri Jirmal

Helmut Richter

Heinz Friedrich Hartig – sein Werk für die Gitarre

In den 60er Jahren des vorigen Jahrhunderts verstärkte sich das Publikumsinteresse für das Instrument Konzertgitarre bis hin zu einem wahren Gitarrenboom, der übrigens in ähnlicher Form in der Geschichte der Konzertgitarre des Öfteren zu beobachten war.

Natürlich entstand in diesem Zusammenhang seitens der Interpreten ein großer Bedarf für zeitgenössische Musik für das Instrument. Weil es sehr schwierig ist, für die Gitarre zu schreiben, wenn man sie nicht selbst beherrscht, entstanden zahlreiche Werke der 60er und 70er Jahre in enger Zusammenarbeit zwischen Komponisten und Interpreten. Zu nennen sind hier insbesondere Andrés Segovia, der Manuel Ponce, Alexandre Tansman und viele andere Komponisten für „sein" Instrument anregte, oder Julian Bream, mit dessen „Hilfe" große Gitarrekompositionen von Benjamin Britten oder Toru Takemitsu entstanden, Werke, die vielfach heute zum Standardrepertoire der Gitarristen in aller Welt gehören.

Im Nachkriegsdeutschland der 50er Jahre waren es Siegfried Behrend und Heinz Friedrich Hartig, die im noch vom Krieg gezeichneten Berlin zusammenfanden, um die Musik für die Konzertgitarre „auf den Stand der Zeit" zu bringen.

Im Laufe der gut 10-jährigen künstlerischen Zusammenarbeit entstand so ein kleines Œuvre für die Konzertgitarre, das im Folgenden kurz vorgestellt werden soll, denn fast alle Werke des Heinz Friedrich Hartig sind inzwischen – sehr zu Unrecht – in Vergessenheit geraten

Abb. 31: Heinz Friedrich Hartig. Foto: Nina von Jaanson, Berlin

73

Heinz Friedrich Hartig

Heinz Friedrich Hartig wurde am 10. September 1907 in Kassel geboren. Bereits im Alter von 12 Jahren begann er – parallel zu privatem Geigenunterricht – am dortigen Konservatorium Musiktheorie und Klavier zu studieren. In seiner Schule leitete er das Schulorchester und fertigte erste eigene Kompositionen an. Nach seinem Abitur studierte er – nach einem kurzen Aufenthalt in Wien – an der Akademie für Kirchen- und Schulmusik in Berlin, die er mit einem (hervorragenden) Abschluss als Musikpädagoge 1932 abschloss. Bis zu seiner Einberufung in den Militärdienst arbeitete er eineinhalb Jahre im Schuldienst.

Die Ereignisse im Krieg markieren einen starken Einschnitt im Leben des jungen Musikers: Im Jahr 1946 kehrte er schwer versehrt – beide Beine waren amputiert – aus russischer Gefangenschaft zurück. Seine bis dahin komponierten Werke gingen in den Wirren des Krieges verloren und 12 Jahre lang hatte er keinerlei Möglichkeit gehabt, seine kompositorische Stimme hören zu lassen.

Prägend für sein weiteres kompositorisches Schaffen war die Begegnung mit Boris Blacher im Jahr 1947. Hartig selbst schreibt dazu: „Sie war insofern wesentlich, als ich ihm neben vielem anderen die Möglichkeit eines Neuanfangs verdanke. Erst seit dieser Zeit [...] wird das Komponieren zum Schwerpunkt meiner Arbeit." 2

In seinem kompositorischen Schaffen bringt Hartig die Zwölftontechnik Schönbergs mit Blachers „variablen Metren" und rhythmischen Raster zusammen. Außerdem ist – vor dem Hintergrund seiner eigenen schrecklichen Erfahrungen – die beständige Anklage des Krieges kennzeichnend für sein Werk.

Abb. 32: Behrend und Hartig 1952

Im Nachkriegs-Berlin gelangte er schnell in den Kreis um Bertold Brecht und Ernst B. Busch, dessen Klavierbegleiter er war. Weitere Einflüsse erhielt er von Paul Dessau und Hans Eisler. Im Jahr 1955 erhielt er die Professur für Komposition an der Berliner Hochschule für Musik.

Im Jahr 1951 lernte er den damals 17-jährigen Berliner Gitarristen Siegfried Behrend kennen, der trotz seiner Jugend eine in Berlin bekannte Größe war. Mit dem im gleichen Jahr entstandenen und Siegfried Behrend gewidmeten Stück „Gitarresolo" begann eine fruchtbare Zusammenarbeit:

„*Während der folgenden Jahre erwächst in engster Zusammenarbeit ein Oeuvre, das zur wertvollsten Literatur für Gitarre zählt und in dem Hartig zu einer für das Instrument bis dahin unbekannten Ausdruckskraft gelangt. (Henke)*"[3]

1968 erhielt der Komponist den Kunstpreis der Stadt Berlin, im Jahr 1969 verstarb er. Er galt als ein „*stiller, introvertierter Künstler*"[4] *(Jahnke)*, flüchtete sich aber nie in den berühmten elfenbeinernen Turm, sondern lehnte es ab, Stücke „*bevorzugt zum Vergnügen an der graphischen Aufzeichnung*" zu schreiben. „*Die Endstufe*", war für ihn immer die „*Realisierung im Klang. Und zwar so, dass trotz aller, auch der kompliziertesten Kunstgriffe, die Disposition überzeugt und begriffen werden kann.*"[5] *(Hartig)*

In einem Interview in der „Neuen Zeitschrift für Musik" äußerte sich Siegfried Behrend noch einmal zu den Werken von Hartig:

„... eine märchenhafte Musik [...] Doch es ist nicht gefragt, nicht populär, nicht verkaufbar und darum wird es wohl nie produziert werden... eine ganz traurige Angelegenheit.
(Siegfried Behrend) " [1]

GITARRESOLO – SOLO FOR GUITAR
(1951)

Fingered by SIEGFRIED BEHREND

HEINZ FRIEDRICH HARTIG
1907-1969

Abb. 33: Incipit Gitarresolo, Novello-Verlag

Hartigs erstes Werk für die Konzertgitarre ist noch in gemäßigt moderner Tonsprache gehalten und kommt vollständig ohne sein später formbildendes Mittel permanenter Taktwechsel aus. Durch die häufige Verwendung der gitarretypischen Quartenakkorde erinnert „Gitarresolo" eher an Mario Castelnuovo-Tedesco, als an den späteren Hartig. Durch sein enorm hohes Tempo bekommt das Stück einen vorwärtsstrebenden Charakter, der es reiz- und wirkungsvoll macht.

Abb. 34: Behrend und Hartig 1952

Als Ergebnis eines Kompositionsauftrages von Behrend schuf Hartig ein Konzert für Gitarre und Orchester, das unter dem Namen „Concertante Suite" unter der Opus-Nummer 19 entstand. Die Uraufführung des Werkes erfolge durch Siegfried Behrend an der Gitarre bereits kurz nach der Entstehung.

76

Leider liegen bisher keine Einspielungen des Konzerts auf Tonträger vor, einzig eine Tonbandaufnahme, die in den 50er Jahren entstand und daher von schlechter Tonqualität ist, lässt ahnen, um welch' wertvolles Werk es sich handelt, dem der Musikwissenschaftler Matthias Henke bescheinigte, dass es „*„ als erstes Gitarrenkonzert des 20. Jahrhunderts jeglicher hispanisch-folkloristischer Floskeln entbehrt.*" [6] Der erste Satz (Allegro ma non troppo) umfasst 183 Takte und ist in seinem Aufbau an die Sonatenhauptsatzform angelehnt. Wie bei den meisten Kompositionen Hartigs werden hohe Ansprüche an die Gitarrentechnik und Rhythmik gestellt. Der zweite Satz (Aria variata) variiert ein lyrisches Thema, das die Gitarre im Wechselspiel mit einer Klarinette führt. Nach einem kurzen Intermezzo (mysterioso) erfolgt das schwungvolle und hochvirtuose Finale (Allegro molto e vivace), in dem die Gitarre durch Solopassagen und eine Solokadenz noch einmal brillieren kann.

Abb. 35: Concertante Suite op. 19, 1. Satz, Gitarrepart. Bote & Bock

Obwohl das Konzert eine echte Alternative zu den Gitarrekonzerten z.B. eines Mario Castelnuovo-Tedesco oder Leo Brouwer darstellt (Behrend selbst bezeichnet es als *„eines der besten Gitarrenkonzerte überhaupt"*. [7]), ist es mehr oder weniger in Vergessenheit geraten. Behrend beklagte sehr häufig, dass die Plattenfirmen Bedenken hatten, nicht so eingängige Musik auf den Markt zu bringen, weil sie nur ein kleines Publikum anspricht und sich kaum verkaufen ließ.

In der Mitte der 50er Jahre konzertierte S. Behrend mit Linde Höffer von Winterfeld, einer damals sehr gefragten Berliner Blockflötistin. Die „Fünf Stücke" mit den Sätzen *Andantino, Allegretto con moto e grazioso, Allegro, Andante* und *Vivace* entstanden für dieses Duo.

Fünf Stücke für Blockflöte und Gitarre

Abb. 36: Fünf Stücke für Flöte und Gitarre. Bote & Bock

In den „Drei Stücken op. 26 " Hartigs wird der Einfluss von Boris Blacher und dessen Kompositionstechnik deutlich, die seit Hartigs „Variations en mètres variables für Klavier" op.12 ständig in seinem Werk aufgegriffen und modifiziert wird.

Drei Stücke für Gitarre, op. 26

Heinz Friedrich Hartig (1907–1969)

Fingersätze von Siegfried Behrend

1. Capriccio

Abb. 37: Incipit Capriccio op. 26. Bote & Bock

Das Capriccio ist dreiteilig in der Form a-b-a aufgebaut. Im ersten Teil prägt sich dem Hörer der zunächst sehr eingängige Triolenrhythmus ein, um in Takt 16 aufgebrochen und mit Achtelnoten abgewechselt zu werden. In Takt 31 deutet sich schließlich ein neuer Abschnitt an: Über einem Orgelpunkt erklingt eine synkopische, fast "jazzig" anmutende Melodie, wird aber ebenso durch triolische Fragmente vom Beginn unterbrochen.

Das Thema des zweiten Stücks des kleinen Zyklus'– Thema mit Variationen – gibt eine Ordnung von wechselnden 2/4-, 3/4- und 4/4- Takten, die

2. Thema mit Variationen

Abb. 38: Incipit "Thema mit Variationen" op. 26. Bote & Bock

neben Rhythmus, Harmonie und Melodie eine weitere Möglichkeit zur Variation bieten.

3. Alla Danza

Abb. 39: Incipit "Alla Danza" op. 26. Bote & Bock

„Alla Danza" weist eine noch größere metrische Vielfalt auf. Nach einer fünfzehntaktigen Einleitung, überschrieben mit „*Tempo rubato, quasi Fantasia*" mit einer Ausnahme ausschließlich im 4/4- Takt stehend- folgt ein „*Vivo*"-Teil mit permanenten Wechseln zwischen verschiedenen Taktarten. Nach einem Abschnitt „*Meno mosso, mysterioso*", folgt wieder ein „*Tempo vivo*", bestimmt von vielen Taktwechseln.

Das oratorisch angelegte „Perché" für konzertanten Chor und Gitarre, mit den Sätzen *Perché, Disgrazia, Lacrimae, Guerra, Mortui vulnerati* und *Epilog* klagt ausdrücklich die Greuel des Krieges an, indem es die Frage nach dem „Warum?" stellt.

Warum Unglück, Tränen, Krieg, Mord? Warum, warum? Neben dem Konzert für Gitarre und Orchester ist diese Komposition das zweite zentrale Werk, das Hartig für die Konzertgitarre geschrieben hat. Der erste Satz begnügt sich alleinig mit der namensgebenden Frage und führt in die dichte Atmosphäre des Stückes ein. Erst der zweite Satz gibt der Frage einen Bezug: „Warum Unglück?" Auf zunächst emotionale Glissandi folgt eine durch Isorhythmik mehr und mehr nachdrückliche Formulierung der Frage.

Abb. 40: Perché für Gitarre und Chor, 1. Satz. Bote & Bock

Der dritte Satz „Lachrimae" schöpft seine Ausdruckskraft unter Anderem aus der Verwendung von Schönbergs Reihentechnik. Diesem Satz liegt eine zwölftönige Reihe zugrunde, die Hartig gekonnt verarbeitet. Der Satz beginnt mit der zweimaligen Frage „Perché?, *„auf die ein zweistimmiger, das Wort „Lachrimae" melismatisch auszierender, eigentümlich palestrinisch-schwebender Gesang folgt, der allmählich in syllabische Deklamation übergeht. (Burde)"* [8] Am Ende steht wieder die zweimalige Frage nach dem „Warum?".

Im vierten Satz („*Guerra*"), dominieren den Gitarrepart Akkordcluster, die häufig chromatisch geführt werden und sich mit Schlägen auf den Saitenhalter abwechseln. Diese rhythmische Verbindung von Rasgueado- und Tamboraeffekten zeigt Hartigs leidenschaftliche Anklage gegen den Krieg besonders eindrucksvoll und wirkt im Kontext seiner schweren Kriegsversehrtheit – er verlor im Krieg beide Bein – besonders bedrückend.

Der fünfte Satz klingt nach dem emphatischen *„Allegro molto"* wie die Ruhe nach dem Sturm. Mehr als die Hälfte des Satzes erklingt im pianissimo und erlebt erst in der Mitte auf dem Wort „vulnerati" (Mord) einen Höhepunkt. Mit der Anweisung „fast geflüstert" erstirbt der Satz in einem „diminuendo". Der Epilog stellt ans Ende erneut die Frage *„Perché, perché ?"*

Werke für und mit Gitarre von Heinz Friedrich Hartig

„Gitarresolo"

Novello – komponiert 1951, © 1972

„Concertante Suite" op. 19 für Gitarre und Orchester

Bote & Bock 21187 (672) - komponiert 1954, © 1958

„Drei Stücke für Gitarre" op. 28

Bote & Bock 21386 (620) - komponiert 1957/1963

„Fünf Stücke für Flauto dolce und Gitarre"

Bote & Bock 21416 (651), komponiert 1956, © 1958

„Perché" op.58 für Gitarre und gemischten Chor

Bote & Bock 21436 (654), © 1958

(alle für Siegfried Behrend geschrieben)

„Reflexe" für Gitarre und Cembalo

(für Carlo Domeniconi geschrieben)

Quellennachweise :

1	Behrend, Siegfried in „Neue Zeitschrift für Musik", Nr.3/ 1984, Schott, S. 27
2	Hartig, Heinz Friedrich in „Kleine biographische Skizze", Manuskript, S. 1
3	Henke, Matthias in einer Radiosendung des WDR III, „Das Interpretenportrait. Der Gitarrist Siegfried Behrend" vom 16.02.1986, Manuskript, S.1
4	Jahnke, Sabine in „Heinz Friedrich Hartig: Variationen über einen siebentönigen Klang", Radiosendung, Manuskript, S. 1
5	Hartig, Heinz Friedrich in „Kleine biographische Skizze", Manuskript, S.1
6	Henke, Matthias in einer Radiosendung des WDR III, „Das Interpretenportrait. Der Gitarrist Siegfried Behrend" vom 16.02.1986, Manuskript, S. 2
7	Behrend, Siegfried in „Neue Zeitschrift für Musik", Nr.3/ 1984, Schott, S. 27
8	Burde, Wolfgang in „Heinz Friedrich Hartig", Bote & Bock, S.15

Matthias Henke

Der alte Mann und das Mehr - Die Briefe Richard Jacobs an Siegfried Behrend [1]

1952 erweckte ein junger Musiker in der Immer-noch-Trümmerstadt Berlin das Interesse einer größeren Öffentlichkeit. Der Neunzehnjährige begleitete die renommierte Tänzerin Ilse Meudtner, die Ballettmeisterin der Komischen Oper, bei einem ihrer spanischen Abende. Dem Newcomer, der hinter dem wirbelnden Rüschenrock der temperamentvollen Meudtner zu agieren hatte, gelang es nicht nur, sich mit seiner Gitarre in den Vordergrund zu spielen, sprich bei der Tagespresse Beachtung zu finden,[2] sondern er konnte die spanienkundige Ballerina derart begeistern, dass sie in den kommenden Jahren eine Reihe ähnlicher Programme mit ihm veranstaltete. 1953 realisierten die beiden ein besonders ehrgeiziges Projekt: Siegfried Behrend, so hieß der junge Gitarrist (und dieser Name sollte schon bald weltweiten Klang bekommen), brachte Joaquin Rodrigos *Concierto de Aranjuez* zur deutschen Erstaufführung: an der Komischen Oper, in einer Choreographie der auch tänzerisch mitwirkenden Meudtner.[3] Dieses musikalische Highlight (die Kritiken bescheinigten Behrend in toto ein meisterhaftes Spiel)[4] musste den aufmerksamen Beobachter in größtes Erstaunen versetzen. Denn wie konnte der junge Gitarrist ein so hochvirtuoses Konzert interpretieren, das außer ihm weltweit nur drei oder vier Kollegen bewältigen konnten?

In Berlin jedenfalls konnte Siegfried Behrend seinerzeit niemanden um Rat fragen, der in der Lage gewesen wäre, ihn bei der Aufführung von Rodrigos *Concierto* auch nur zu beraten, geschweige denn, ihm zu demonstrieren, wie diese oder jene Passage zu bewerkstelligen sei. Behrends Vater Karl galt zwar als engagierter Gitarrenlehrer, aber seine spielerischen Leistungen wurden vom Sohn als amateurhaft eingestuft. Angesichts dieser wohl berechtigten, wenn auch vom Generationenkonflikt getragenen Kritik hätte man dem aufstrebenden Star vorwerfen können, er sei überheblich. Doch verbrüderte sich der Vorwurf des Amateurhaften mit dem professionellen Anspruch an das eigene künstlerische Tun: ein Legat, unter dem Behrend Anfang der fünfziger Jahre eine bis dato unerhörte Spieltechnik entwickelte und sich (unterstützt von namhaften Komponisten wie Joaquin Rodrigo, Mario Castelnuovo-Tedesco oder Heinz Friedrich Hartig) ein dem selbstgesetzten Standard entsprechendes Repertoire schuf.

Abb. 41: Siegfried Behrend (mit Weißgerber-Gitarre) und Ilse Meudtner, 1952. (Photo: Ilse Buhs) [5]

Die professionelle Einstellung des Gitarristen offenbarte sich auch in der Intensität, mit der er sich ein passendes Instrument suchte – und einen Gitarrenbauer, der sich *seinem* Handwerk mit gleicher Hingabe näherte. Er fand es und ihn in einer "Weißgerber" aus der Werkstatt Richard Jacobs. Dass die Beziehung des jungen zu dem alten Meister eine nahezu symbiotische werden sollte, ließ sich erstmals 1953 ahnen. Denn für die besagte Erstaufführung von Rodrigos *Concierto* orderte Behrend bei Jacob gleich zwei neue "Weißgerber".

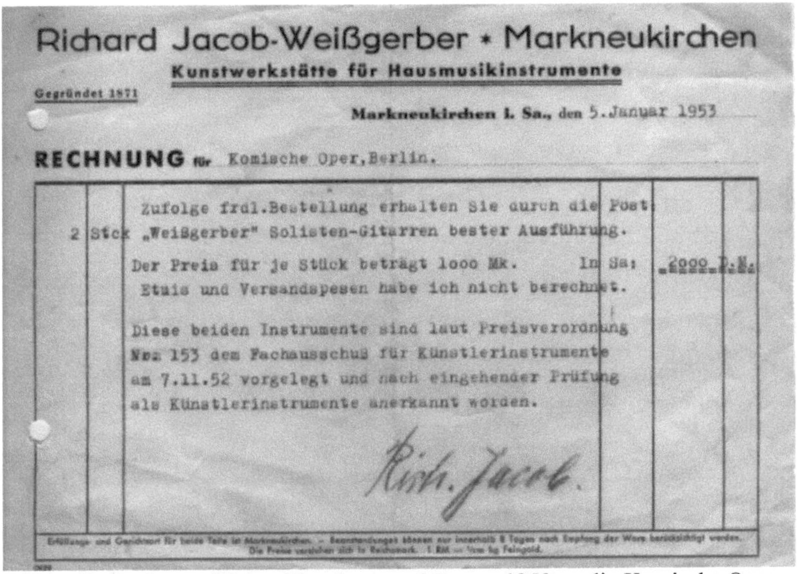

Richard Jacob-Weißgerber • Markneukirchen
Kunstwerkstätte für Hausmusikinstrumente
Gegründet 1871

Markneukirchen i. Sa., den 5.Januar 1953

RECHNUNG für Komische Oper,Berlin.

		Zufolge frdl.Bestellung erhalten Sie durch die Post			
2	Stck	„Weißgerber" Solisten-Gitarren bester Ausführung.			
		Der Preis für je Stück beträgt 1000 Mk.	In Sa:	2000.-	D.M.
		Etuis und Versandspesen habe ich nicht berechnet.			
		Diese beiden Instrumente sind laut Preisverordnung Nr. 153 dem Fachausschuß für Künstlerinstrumente am 7.11.52 vorgelegt und nach eingehender Prüfung als Künstlerinstrumente anerkannt worden.			
		Richt. Jacob.			

Abb. 42: Rechnung Richard Jacobs vom 5.Januar 1953 an die Komische Oper, Berlin

Aus einem Brief vom 12.Dezember 1952 geht die spontane Bereitschaft des Gitarrenbauers hervor, dem Wunsch des Musikers zu entsprechen:

..Verehrtester, lieber Herr Behrend! Habe die beiden Briefe, welche Sie meinem Sohn Martin in Leipzig mitgegeben haben[,] erhalten. Nun erhielt ich auch den Ihrigen Einschreibebrief von voriger Woche. Dabei habe ich viel neues [sic!] von Ihnen erfahren, wozu ich Ihnen gratulieren möchte.

Es geht vorwärts! Im besonderen schreiben Sie mir: ["]Da meine Gitarre nicht ausreicht, hat sich die Komische Oper dafür eingesetzt, für mich eine oder zwei allerbeste Solistengitarren Torres' aus Ihrem Bau zu kaufen.["] Dem steht also nichts im Wege[,] und ich bin bereit, zu den ihrigen Vorschlägen positiv zu antworten. Der Plan ist gut von Ihnen[,] und ich sehe ein, daß Sie das beste [sic!] haben müssen. [...] Es soll im Aussehen als auch in der Schönheit des Klanges und seiner leichten Spielweise das beste [sic!] sein[,] und ich glaube, daß Sie sich damit sehen und hören lassen können."

Der Vorschlag Behrends, die Rechnung für beide Instrumente an die Komische Oper, eine der Vorzeigebühnen der DDR, zu schicken, entsprang wohl aus der unangenehmen Tatsache, dass Richard Jacob (und nicht allein er) seine Instrumente keineswegs mehr nach eigenem Gutdünken verkaufen konnte (vor allem, wenn sie nach Westberlin oder in die BRD gingen), sondern dabei vielfache bürokratische Hemmnisse zu überwinden hatte. Zahlreiche seiner Briefe an Behrend sprechen diese Behinderungen mehr oder weniger unverhüllt an. Am 25.November 1952 beklagte sich Jacob:

„Eine Künstlergitarre muß erst von einer Kommission in 3 Gängen begutachtet werden, bevor es als Künstlerinstrument verkauft werden kann. Dabei geht es nicht um ein einzelnes Instrument, sondern es müssen mehrere sein[,] bis sich die Behörde entscheidet[,] eine Prüfung vorzunehmen, was 8 Wochen dauern kann. Sie wollen daraus ersehen[,] Herr Behrend, wie unendlich schwer es uns heute gemacht wird. Erst ein Künstlerinstrument zu bauen, wo es kein derartiges Material gibt[,] und[,] falls es gelingt[,] ein solches im Sinne des Gesetzes abzusetzen."

Die erste Begegnung des Instrumentenbauers mit dem Interpreten wird 1951 oder in den letzten Monaten des Vorjahres stattgefunden haben: Kurt Schulz, ein Theatermusiker aus dem Osten Berlins und Freund der Familie Behrend, der eine "Weißgerber" besaß und zu den frühesten Bewundern des Gitarristen zählte, hatte Siegfried ein Instrument Jacobs vermittelt, indem er diesem von den Künsten des „Berliner Wunderkindes" vorge-schwärmt hatte.[6] So kam es, dass der Altmeister, der mit dem Verkauf seiner geliebten Instrumente sehr zurückhaltend war, einerseits dem Auf-strebenden eine Gitarre an die Hand gab und andererseits der Wunsch in ihm erwachte, seinen neuen Kunden auf ihr spielen zu hören. Ein frühes Treffen mit Behrend, der seinerzeit bei einem Konzert in Plauen mitwirkte, erwähnte Jacob in seinem Schreiben vom 28. August 1951 an die Eltern des Gitarristen:

Abb. 43: Siegfried Behrend und Kurt Schulz, ca. 1951 (Photo: unbekannt)

"Als wir in Plauen ankamen, sahen wir uns zunächst die Ruinenstadt an. Dann gingen wir in Dails Hotel, wo Siegfried wohnte. Er war gerade zum

Mittagessen gegangen in H-0 [...]. Er erzählte uns, daß er dafür 8 Mark bezahlen mußte. Gewiß genug, was? Als Siegfried kam, ich habe ihn faßt [sic!] nicht gekannt, gingen wir in sein Zimmer, wo er es ja ganz gut hatte. Dann aber wollten wir aber auch die Kunst S. hören[,] und er spielte uns tüchtig auf. Wir mußten natürlich feststellen, daß S. wahrlich ein nahmhafter [sic!] Künstler seines Instrumentes ist, was uns sehr freute. Alles deutet darauf hin, daß er sein Instrument außergewöhnlich meistern wird."

Jacob und Behrend tauschten aber nicht nur (ehrlich gemeinte) Liebenswürdigkeiten miteinander aus. Der Vogtländer wurde von dem enthusiastischen Berliner auch in einen fachlichen Disput verwickelt. Ja mehr noch: Angeregt durch die Wünsche und Verbesserungsvorschläge des zielstrebigen Greenhorns mobilisierte er, der 1951 sein sechzigjähriges Berufsjubiläum gefeiert hatte, noch einmal all seine Kräfte. Auf diese Weise fand der alte Mann sein Mehr, konnte er noch einmal zulegen, um das zu vollbringen, was man mit Fug und Recht Alterswerk nennen darf. Eine Passage aus Jacobs Brief vom 20. September 1952 möge den fruchtbaren Dialog der beiden dokumentieren:

..Sie [Siegfried Behrend] schreiben dann weiter gerne vom Gitarrenbau, und dabei immer von der Dünne der Decke. Hauchdünn.! Dies sei der wahre Grund für die Klangqualität. Richtig, aber auch nicht. Darüber könnte ich Ihnen[,] Herr Behrend[,] viel sagen. Dies habe ich besonders in der letzten Zeit viel studiert. Doch eine Decke klangkräftig zu machen, gehört mehr dazu. Außerdem noch 100telei anderes, was man [durch] jahrelange Erfahrungen lernt. [...]. Ich nehme sehr gerne einen guten Rat des Musikausübenden [sic!] Künstlers an, und manches Gute ist durch die Zusammenarbeit dieser herausgekommen."

Den im Siegfried-Behrend-Archiv erhaltenen Briefen Jacobs lässt sich leider nichts Weiteres oder Genaueres über die Zusammenarbeit entnehmen.[7] Doch erläuterte Behrend in mannigfachen Gesprächen, die in einem

Zeitraum von rund zwei Jahrzehnten stattfanden, [8] eine Reihe konkreter Punkte: Sein Ideal einer Gitarre sei seit Karrierebeginn mit der Vorstellung eines "nahezu schwerelosen" Instruments verknüpft gewesen, weil er mit dem silbrigen, obertonreichen Klang des Cembalos sympathisiert habe, seines einstigen Studienfachs am Klindworth-Schwarwenka-Konservatorium; aus diesem Grund habe er Richard Jacob immer wieder darum gebeten, seine ohnehin schon relativ leichten Gitarren noch leichter zu bauen, an allen nur denkbaren Stellen "Holz wegzunehmen": also die Decke zu kehlen, Hohlräume im Hals anzubringen, den Kopf und den Steg möglichst filigran zu gestalten.

Wie stark exakt Behrends Einfluss auf Jacob war, muss die "Weißgerber"-Forschung noch erweisen. Sicher ist, dass der Gitarrenbauer trotz seiner immensen Berufserfahrung damals wieder ins "Grübeln" kam, wie er Behrend in einer Reihe von Briefen gestand – so in seinem Schreiben vom 26. Januar 1953, in dem er auf jene Instrumente einging, die er dem Gitarristen für seine Auftritte in der Komischen Oper zur Verfügung gestellt hatte:

..Die beiden Gitarren für die Oper sind eigentlich grundverschieden in der Bauart, ein Beweiß [sic!], wie verschieden ich baue und immer wieder probiere und studiere, was nicht leicht ist und schlaflose Nächte bringt."

Doch bei allem Probieren und Studieren war Richard Jacob im Innersten von der Qualität seiner aktuellen Arbeit überzeugt (ein Wesenszug, dem er mit dem im Übrigen so ganz anders gearteten Behrend teilte). Am 1. August 1953 schrieb er in diesem Sinn nach Berlin:

..Verehrtester, lieber Herr Behrend! Und jetzt waren sie auch in Zürich und haben dabei sogar Segovia gesprochen und mit ihm gespielt, was schon was sagen will. So sind Sie also auf dem besten Wege zu einer ersten Größe. [ ] Ich würde mich sehr freuen, wenn mal unser größter Meister Segovia mir schreiben würde(,) oder sogar wieder mal nach Markneukirchen kommen würde[,] um noch mal wieder ein Konzert zu geben. Er hat mich dazumal auch in meiner Wohnung besucht, doch dazumal (1921) konnte ich noch nicht mit den besten spanischen Gitarren konkurrieren. Heute könnte er viel besseres [sic!] sehen und spielen. *[ ] In letzter Zeit habe ich besonders gute Gitarren gebaut [ ].*"[9]

Hob Jacob in diesem Briefauszug mehr auf die Entwicklung ab, die er in den letzten drei Jahrzehnten durchgemacht hatte, akzentuierte er in seinem Schreiben vom 28. November 1954 die physische und psychische Anstrengung, die ihn der Bau seiner Meisterinstrumente jetzt kostete:

..Meine Verhältnisse sind noch befriedigend. Doch war ich jetzt 3 Monate krank. (Herz). Es ist ja auch das Alter da. 78 Jahre. So habe ich mir fest vorgenommen, keine neuen Instrumente mehr von Grund auf zu bauen, *nachdem ich in den letzten Jahren ganz besonders kiinstlerische, wertvolle Instrumente gebaut habe.*[10] Wahrscheinlich hat dies mich zusehr [sic!) angestrengt, sodaß [sic!] ich überhaupt nicht mehr schlafen konnte, was die Gesundheit und den Geist schwächt."

Dass Jacob sich trotz seines hohen Alters auf dem Zenit seiner Laufbahn befand, blieb Behrend natürlich nicht verborgen. Mit dem ihm eigenen Elan und Charme schaffte er es denn auch immer wieder, den Meister davon zu überzeugen, eine noch bessere Gitarre zu benötigen. Jacob gewährte sie ihm zwar meist, konnte sich aber in aller Regel nicht enthalten, brieflich über den "Verlust" zu klagen - so auch am 18. April 1956:
„Herr Behrend, als Sie voriges Jahr bei uns waren, nahmen Sie meine letztgebaute Gitarre mit, die eigentlich ein Andenken bleiben sollte. So war ich gezwungen (und arbeiten wollte ich auch)[,] ich baute noch eine solche, nach allen Regeln der Kunst, vor allen für den anspruchsvollen Musikkünstler, für dessen Wünsche. Und ich bin auch zufrieden, ist recht gut ausgefallen."

Für die Zuwendung, die er in Form von Instrumenten oder anteilnehmenden Briefen erfuhr, blieb Behrend dem um Generationen Älteren innig verbunden. Voller Leidenschaft für dessen Lebenswerk baute er eine (heute aufgelöste) "Weißgerber"Sammlung auf, die zeitweilig fünfundzwanzig Instrumente umfasste. Zudem gelang es ihm noch, eine sehr persönliche Brücke zu Jacob aufzubauen, indem er ihm von seinen Konzertreisen Briefe schrieb, ihn besuchte und zum Heiligtum wallfahrte, der Musterschau des Gitarrenbauers, die er mehrfach photographierte. Und nie vergaß der angehende Weltstar, dass auch er dem Mann aus Markneukirchen ein Mehr zu verdanken hatte, ein Mehr an persönlichem Gitarrenton (der einzigartig genannt werden darf), ein Mehr an Einsicht in das Wesen seines Instruments, ein Mehr, das Behrend nicht zuletzt dadurch manifestierte, dass er zeitlebens "Weißgerber" spielte und diesen Namen auf jedem seiner Programmhefte vermerkte.

Während Richard Jacob seinem Lebensende entgegensah ("die Zeit eilt dahin wie Räder am Wagen"), [11] begann sein jugendlicher Kombattant die Gipfel zu stürmen. Bald war Behrend ein international gefragter Solist. Kein Monat verging, in dem er nicht beim NWDR/Studio Berlin zu hören war – auch als hochgeschätzter Begleiter.

Mitte der fünfziger Jahre brachte er dort Castelnuovo-Tedescos ihm gewidmetes, von mediterraner Eleganz geprägtes Chorwerk mit Gitarre *Romancero Gitano (nach Federico Garcia Lorca)* zur Uraufführung (gemeinsam mit der Singgemeinschaft Berlin unter der Leitung von Alfred Schmidt). Die Bilder, die von der Photographin Ilse Buhs während der Aufnahmen gemacht wurden, zeigen einen hochkonzentrierten, eher bescheiden auftretenden Gitarristen, der mit seinem Instrument, selbstverständlich einer "Weißgerber", sichtlich zur Einheit verschmolzen ist.

Einige Zeit später (1956) präsentiert sich (zumindest äußerlich gesehen) ein ganz anderer Siegfried Behrend: An der Seite der damals fahrenden

Abb. 45: "Kunstsammlung Weißgerber" mit Richard Jacob, 50er Jahre (Photo: Siegfried Behrend?)

Blockflötenspielerin, der heute noch maßgebenden Linde Höffer-von Winterfeld, ist ein junger Mann zu sehen, der gestisch und kleidungsmäßig auffällt, der – angetan mit Mokassins, weißen Socken und Sonnenbrille, seine "Weißgerber" lässig umarmend – den konservativen Habitus seiner Duopartnerin gewissermaßen kontrapunktiert. Dass Behrend mit den Accessoires nur spielte, dass sich hinter seinem kessen Äußeren eine sensible Seele verbarg, fördert die Tatsache zutage, dass er in nämlichem Jahr nach Markneukirchen reiste, um sich mit

Abb. 44: Linde Höffer-von Winterfeld und Siegfried Behrend, 1956 (Photo: H.H. Schnell)

92

Richard Jacob photographieren zu lassen – getragen von der Ahnung, dass dem Verehrten (auf Erden) keine allzu lange Zeit mehr verbliebe. Am 31.Januar 1957 kommentierte der Meister mit leicht galligem Unterton die damals entstandenen Porträts:

Abb. 46: Richard Jacob und Siegfried Behrend, (vermutlich) Ende 1956
(Photo: unbekannt)

"Einen schönen Gruß voran! Lieber Herr Behrend! Da ich erst geschrieben habe, so möchte ich mich heute kurz fassen. Es handelt sich heute um die Bilder. Ich war immer der Meinung, Sie hätten mit dem Fotografen alles ausgemacht[,] und kümmerte mich nicht mehr darum. Ihrem letzten Schreiben nach(,) war dies nicht der Fall[,] und ich ging sofort zum Fotografen. Er hatte schon immer gewartet und übergab mir die Bilder[,] und ich habe diese auch gleich bezahlt. Ich bin aber, wie ich gleich zuvor gesagt habe, nicht befriedigt, da ich in der letzten Zeit gesundheitlich nicht auf der Höhe war, infolge des im vergangenen Jahr in der Familie Erlebten.[12] Der Schlaf fehlt mir zu 75%, was man mir auf dem Bilde auch ansieht. Zwei Stück, von jedem eins, habe ich hier behalten. Die übrigen sende ich Ihnen hiermit zu. Das Brustbild gefällt mir besser als im Kniestück. [...] Eine Gitarre von Grund auf [zu] machen[,] wird wohl kaum sehr in Frage kommen. Nur meine K.[unst-]Sammlung bringt mir Zufriedenheit[,] und [so] komme ich täglich mehrmals hinauf. Aber es fehlt mir etwas, wie ich Ihnen ja geschrieben habe."

Richard Jacob verstarb im Juli 1960. Sein Sohn Martin musste sich nun der Aufgabe stellen, den Platz seines Vaters einzunehmen - auch als Briefpartner Siegfried Behrends, dem er am 3 1. des Monats (auf der Rückseite der gedruckten Todesanzeige) die Solidarität des Meisters handschriftlich versichert hatte:

..Sehr geehrter Herr Behrend! Mein Vater hat sich über ihre Arbeit und Ihren Einsatz immer gefreut und wünschte Ihnen noch alles Gute zur Meisterschaft."

Die Alliance zwischen dem Haus Jacob und Behrend dauerte bis zum Tod Martin Jacobs (?) an.[13] Immer wieder besuchte ihn der Gitarrist, begutachtete er die "Kunstsammlung" in Markneukirchen. Dabei brachte er ihm meist seine neuesten Schallplatten mit, auf denen immer eine "Weißgerber" erklang,[14] oder er kaufte ihm ein Instrument ab, ungeachtet der damit verbundenen bürokratischen Schwierigkeiten, die vor allem nach dem sogenannten Mauerbau im Jahr 1961 eklatant wurden. Kein Wunder, dass Martin Jacob am 14.August 1964 dem verehrten Gitarristen seinen Dank und seine Bewunderung ausdrückte:

..Lieber Herr Behrend! Ihren Brief vom 22.7. habe ich mit bestem Dank erhalten! Auch das Päckchen ist gut angekommen, und wir danken Ihnen vielmals für Ihre Aufmerksamkeit.

Das Wertvollste waren natürlich Ihre Arbeitsunterlagen, erstaunliche Zeugnisse! Ich muß immer wieder betonen, dass wir äußerst beeindruckt sind von Ihrer Tätigkeit für die Gitarre, und unser Vater wäre es nicht weniger. Jetzt kennen wir auch die wichtigsten Daten aus Ihrem bisherigen Schaffen. Ich habe vor allem Verständnis dafür, in welchem Maße Sie aufklärend wirken für dieses Instrument und von hier aus auch immer wieder der Volksmusik, dem Laienmusizieren Impulse geben. Die Geschichte der Gitarre [15] und Belina-Behrend [16] das ist für jeden musischen Menschen

Abb. 47: Martin Jacob und Siegfried Behrend, 1966
(Photo: unbekannt)

verständlich, auch die natürlichen Ständchen. Und ein Reichtum an Stoff und musikalischer Gestaltung steckt darin! Man findet immer wieder Neues. Mit einem Mal ist das schwer zu fassen. Natürlich interessierte mich die Gitarre in Ihrer Hand. Für Ihre virtuose Spielweise ist sie genau das Richtige, denn sie reagiert sofort auf Ihre schnelle Spielweise. Die leichte Ansprache kommt Ihnen bei den virtuosen Stücken optimal entgegen. Dazu kommt eben noch der Vorteil der Gitarre gegenüber dem Cembalo, indem man den Gitarrenton gestalten kann.

Das aber tun Sie konsequent und schöpfen da auch alle Möglichkeiten des Instrumentes aus. Ich kann nur sagen, Sie verstehen die Gitarre wirklich und können das auch wirklich ausdrücken und zeigen das auch mit größtem Einsatz. Dafür sind die Aufnahmen ein universales Beispiel."

Anmerkungen

1 Die ca. 50 (meist maschinenschriftlichen) Briefe Richard Jakobs an Siegfried Behrend und seine Familie werden heute im Siegfried-Behrend-Archiv in der Akademie der Künste in Berlin aufbewahrt. Der früheste datiert vom 10.August 1950, der letzte vom 14.Februar 1957. Über den Verbleib der Briefe Behrends an Jacob ist zur Zeit nichts bekannt.

2 S. etwa Berliner Anzeiger, Donnerstag, 1.Mai 1952, Nr. 102; der Rezensent lobt dort das "vorzügliche Spiel" Behrends.

3 Die Premiere ging am 18.Februar 1953 über die Bühne. Auf dem Programmzettel fixierte das Concierto unter dein Titel Alborada.

4 S. etwa Der Morgen, Mittwoch, 25.Februar 1953, Nr.47; BZ am Abend, Freitag, 27.Febmar 1953, Nr.49 oder Die Weltbühne, Mittwoch, 4.März 1953, Nr.9.

5 Alle hier wiedergegebenen Abbildungen stammen aus dem Siegfried-Behrend-Archiv.

6 S. etwa den Brief Jacobs vom "Hohen Neujahr" 1951.

7 Möglicherweise wurden die Briefe Behrends an Jacob, die sich eventuell im zur Zeit nicht einsehbaren, von Maria Jacob verwalteten Nachlass Richards befinden. mehr über die Kooperation verraten.

8 Der Autor dieses Aufsatzes lernte Siegfried Behrend 1969 kennen, studierte von 1972 bis 1977 bei ihm und war ihm seit dieser Zeit bis zu seinem Tod im Jahr 1990 freundschaftlich verbunden.

9 Kursivschrift nicht im Original.

10 Kursivschrift nicht im Original.

11 Brief Jacobs an Behrend vom 6.März 1955.

12 Hier spielt Jacob wohl auf die ehelichen Zwistigkeiten seines Sohns Martin an.

13 Der umfangreiche, bisher noch nicht vollständig erfasste Briefwechsel zwischen Martin Jacob und Siegfried Behrend wird ebenfalls im Siegfried-Behrend-Archiv aufbewahrt.

14 Zu den klangschönsten Langspielplatten, die von Behrend auf einer "Weißgerber" bespielt wurden, gehören:

1) Siegfried Behrend, Gitarre, Sylvano Bussotti, Voce parlata, und das NCRV Vocaal Ensemble, Ltg. Marinus Voorberg, interpretieren Mario Castelnuovo-Tedescos *Romancero gitano op. 152,* Sylvano Bussottis *Ultima rara.* *Pop song* und Heinz Friedrich Hartigs *Perche op.28.* DEUTSCHE GRAMMOPHON 2530 037 [l LP]

2) Siegfried Behrend, Gitarre, und die Berliner Philharmoniker, Ltg. Reinhard Peters, interpretieren Joaquin Rodrigos *Concierto de Aranjuez* und Mario Castelnuovo-Tedescos *Concerto in D op.99.* DEUTSCHE GRAMMOPHON 139 166 [l LPI.

15 Siegfried Behrend: The History of the Guitar [Vortrag mit Klangbeispielen]. ANGEL RECORDS AB 7039 [l LP].

16 Eine Biographie der polnisch-jüdischen Sängerin nebst Kommentaren über ihre Zusammenarbeit mit Siegfried Behrend und einer Diskographie findet sich in: Matthias Henke, *Die großen Chansonniers und Liedermacher. Wichtige Interpreten, bedeutende Dichtersänger.* Düsseldorf 1987, S.36-38.

Helmut Richter

Sprechstimme und Gitarre

Das scheinbar vergessene Repertoire
Für Claudia

Kaum ein Musikinstrument ist für die Kombination Musik - menschliche Stimme so sehr geeignet wie die Gitarre. Zum einen, weil sie sich durch ihre relativ geringe Lautstärke nicht in den Vordergrund drängt, zum anderen, weil sie sich auf sehr angenehme Weise mit allen Stimmlagen mischen kann.

Diese und andere Gründe – wie zum Beispiel die leichte Verfügbarkeit, die Möglichkeit, mit relativ geringem Aufwand einfache Liedbegleitungen zu erlernen – haben dazu geführt, dass die Gitarre einen breit gefächerten Einsatz in dieser Besetzung gefunden hat – von der Begleitung eines Kunstliedes über Bänkellieder (eine Tradition, die bis in das Mittelalter zurückgeht) bis hin zum Einsatz als Zwischenmusiken z.B. bei Dichterlesungen.

Seltener jedoch ist der Einsatz der Gitarre im Zusammenhang mit der sprechenden menschlichen Stimme geworden, obwohl diese Kombination eine lange Tradition hat, denn Beispiele für diese Besetzung finden wir z.B. schon bei Ferdinando Carulli (1770 – 1841), der *L'Orage, sonate sentimentale* op. 2 und *La prise d'Algier – Pièce Heroîque* op. 327 für Sprechstimme und Gitarre komponierte.

In diesen Werken wurde die Sprechstimme zur Erklärung dessen verwendet, was auf der Gitarre im Sinne einer Programmusik gespielt wurde.

Reine Kommentare zum Spiel des Gitarristen also, damit der Zuhörer sich in der musikalisch dargestellten Geschichte zurechtfindet. Eingeleitet wurde die Darbietung durch eine Vorrede in der – zur Einstimmung der Zuhörer – die Geschichte im Zusammenhang erzählt oder die Rahmenbedingungen der Handlung dargestellt wurden. Besonders geeignet waren diese Werke zur häuslichen Aufführung der bürgerlichen Gesellschaft, die auch von dilettierenden Musikern durchgeführt werden konnte.

Abb. 48: Ausschnitt aus Carulli: „L'orage

Einen anderen Ansatz verfolgte Castelnuovo-Tedesco, der mit dem abendfüllenden *Platero y Yo* op. 190 im Jahr 1960 die Kindergeschichte von einem Esel für Gitarre und Erzähler vertonte.

Textgrundlage der Komposition ist die gleichnamige Geschichte des Literatur – Nobelpreisträgers Juan Ramón Jiménez. Zum Gitarrespiel – das die Worte des Erzählers illustrieren und verstärken soll – wird die Geschichte von einem Sprecher wie von einem Märchenerzähler rezitiert.

Abb. 49: Ausschnitt aus „Platero y yo" von Mario Castelnuovo-Tedesco

98

Der Gitarrepart ist sehr anspruchsvoll auskomponiert und nur von einigermaßen geübten Musikern auszuführen. Das 28 -(!) sätzige Werk wird wohl aus diesem Grunde in der heutigen Zeit nur noch vereinzelt aufgeführt.

Eine neue Entwicklung setzte in den späten 60er Jahren für diese Besetzung ein. Mit der Renaissance der Gitarre in dieser Zeit begannen zeitgenössische Komponisten, angeregt durch die neue Generation von Gitarristen in aller Welt, sich wieder mit diesem Instrument zu beschäftigen.

Eine besondere Rolle in der Fortentwicklung der Besetzung „Sprechstimme und Gitarre" spielt der deutsche Gitarrist Siegfried Behrend, der in der Mitte der 60er Jahre seine spätere Ehefrau, die Schauspielerin Claudia Brodzinska – Ensemblemitglied am renommierten Schiller – Theater in Berlin – kennenlernte. Da getrennte Karrieren – er als Gitarrist, sie als Schauspielerin – mit der intensiven Reisetätigkeit eines Berufsmusikers von Weltrang nicht vereinbar waren, entschloss sich Behrend, die außerordentlichen sprech- stimmlichen Fähigkeiten seiner Ehefrau mit seinen Fähigkeiten auf der Gitarre zu in einer bislang nicht gekannten künstlerischen Form zu kombinieren und auf die Konzertbühnen zu bringen.

Im Laufe kurzer Zeit entstanden so auf Anregung des Künstlerehepaares hin zahlreiche Kompositionen namhafter Komponisten für diese Besetzung – zu denen der Gitarrist und Komponist Siegfried Behrend einige selbst beisteuerte.

Stilistisch wird ein breites Spektrum abgedeckt – von traditioneller Spielweise bis hin zu avantgardistischer Musik eines Bussotti oder Logothetis.

Dieses mehrere Konzertabende füllende Repertoire wurde von beiden mit großem Erfolg weltweit aufgeführt und auf einer Vielzahl von Tonträgern eingespielt.

Da die Komponisten der Avantgarde, die für Claudia Brodzinska und Siegfried Behrend schrieben, sehr bald die großen Ausdrucksmöglichkeiten der Sprechstimme erkannten und es daher mit der Zeit in ihren Kompositionen nicht nur bei der Rezitation von Texten beließen, wurde auch eine sprachliche Neudefinition der Kombination Stimme – Gitarre erforderlich. Die Sprechstimme hatte nun nicht mehr die Aufgabe, einfache Texte wiederzugeben, sondern es wurden in den immer komplexer werdenden Partituren Laute wie Stöhnen, Ächzen, Schreien usw. verlangt. Die Kompositionen entfernten sich immer weiter vom narrativen Element hin zur reinen Klanglichkeit der Stimme. Deshalb wurde von Behrend der Begriff „Laryngallaute" geprägt – Larynx als medizinischer Fachbegriff für Kehlkopf, der für die Erzeugung der menschlichen Laute zuständig ist. Alternativ dazu prägte Behrend die Begriffe „angewandte Stimme" und „voce humana", um Assoziationen mit der Singstimme im Sinne eines Liedes zu vermeiden.

Abb. 50: Ausschnitt aus „O dreaming"

Gegen Ende der 60er Jahre entstanden Werke, wie z.B. „o dream o dreaming" von Horst Hornung für Gitarre und Sprechstimme. Der Gitarrepart (o dream) erinnert in seiner Klanglichkeit an die zeitgenössische Pop- und Jazzmusik, ist noch (fast) traditionell notiert. Der Textteil o dreaming ist ein graphisches Gedicht des Komponisten: Worte, in verschiedenen Größen und Gestaltungen geschrieben, ähnlich einem Kreuzworträtsel waagerecht und senkrecht angeordnet, werden von der Sprecherin aleatorisch gelesen, wobei die Größe der Buchstaben eine Anregung für die dynamische Gestaltung des Vortrags sein können. Alle Wörter des Textes enthalten ein „O" und entstammen teilweise – nahezu ein

100

Skandal gegen Ende der noch sehr konservativen 60er Jahre – aus dem Bereich der Erotik und der Gossensprache, zumal der Text von Claudia Brodzinska in einigen Aufführung auf einem roten Divan liegend interpretiert wurde. Der Gitarrist – der seinen Part übrigens mit einer Sonnenbrille spielen muss – ist mit einigen Sätzen und isolierten Worten an der sprachlichen Gestaltung beteiligt; ebenfalls ein Novum in der Gitarrenliteratur.

Die wohl schwierigste Partitur für eine Gitarre, zugleich ein zentrales Werk der Avantgardemusik für Gitarre überhaupt, ist das *Ultima rara (pop song)* aus dem rara – Zyklus von Sylvano Bussotti, ebenfalls gegen Ende der 60er Jahre für Siegfried (und Claudia) Behrend geschrieben.

Das Stück kann von einer oder von drei Gitarren realisiert werden. Die Notation ist noch mit traditionellen Notenzeichen zu vergleichen, graphische Anteile sind jedoch vorhanden.

Abb. 51: Ausschnitt aus "ultima rara"

Die in italienischer Sprache vorgesehenen Texte sind – anders als bei Hornung – den musikalischen Zeichen direkt zugeordnet. Sie sollen die im Gitarristen ablaufenden inneren Prozesse während der Interpretation des Stückes verdeutlichen: auf diese Weise entsteht ein musikalisches Wechselspiel zwischen Sprecher(in) und Gitarrist. Eine Besonderheit des Stückes sind die „dynamischen Pausen" der Sprechstimme, die durch lautes Atmen, Stöhnen, Ächzen usw. realisiert werden. Von diesem Stück existieren mehrere Einspielungen mit S. Behrend an der Gitarre: zusammen mit

Sylvano Bussotti selbst (DGG) sowie mit Claudia Brodzinska in mehreren Versionen, wobei eine besonders beeindruckende Fassung von 1974 die *voce humana* im Multiplayverfahren wiedergibt.

Der koreanische Komponist Isang Yun widmete dem Ehepaar Behrend im Jahr 1974 das Stück *Gagok* (koreanisch: Gesang) in einer Version für Stimme und Gitarre. Die Gitarrenstimme ist in zwei Systemen teilweise graphisch notiert, der Text ist als „eine an das Koreanische angelehnte Vokalise ohne Bedeutung" der Musik direkt zugeordnet. Einige Kompositionen für Stimme und Gitarre stammen – wie bereits erwähnt – aus der Feder des Siegfried Behrend selbst, die seine Vielseitigkeit – auch in musikalischer Stilrichtung – widerspiegeln.

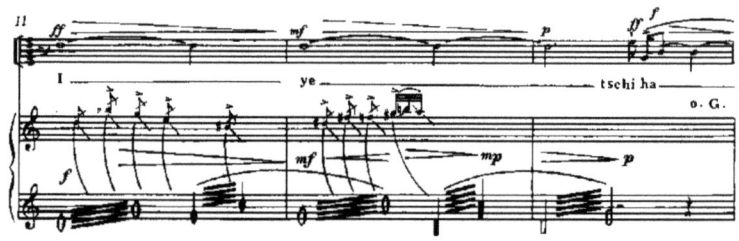

Abb. 52: Ausschnitt aus „Gagok" von Isang Yun

Eher traditionell gehaltene Gelegenheitskompositionen für die *dilettierenden Hausmusiker*, so z.B. die „Kleine Hochzeitskantate" ergänzen das Repertoire genauso wie die ebenfalls recht einfache, teilweise graphisch notierte *Weihnachtsgeschichte* nach einem Text von Rudolf Enzweiler aus dem Jahr1972.

Vollends graphisch notiert sind dagegen „*solo per Voce*", (1973) und „*Xenographie*" für angewandte Stimme, Gitarre und Percussion, um nur zwei weitere Beispiele zu nennen.

Abb. 53: Weihnachtsgeschichte von Behrend / Enzweiler 1972

Ein Märchen für Erwachsene ist die *„Geschichte von O-Cho-San"* für Gitarre, Sprechstimme und Zuspielband, ebenfalls technisch nicht zu anspruchsvoll für den ausführenden Gitarristen.

Im Zusammenhang mit den Werken für Gitarre und Sprechstimme entstanden weitere Werke in kammermusikalischer Besetzung oder für Zupforchester mit Beteiligung einer „angewandten Stimme", so von S. Fink, Klaus Hashagen, Anestis Logothetis u.v.a., die in einer Literaturauswahl im Anhang zusammengestellt sind.

Abb. 54: Claudia und Siegfried Behrend, ca. 1985

Abb. 55: Claudia und Siegfried Behrend, Herne 1971

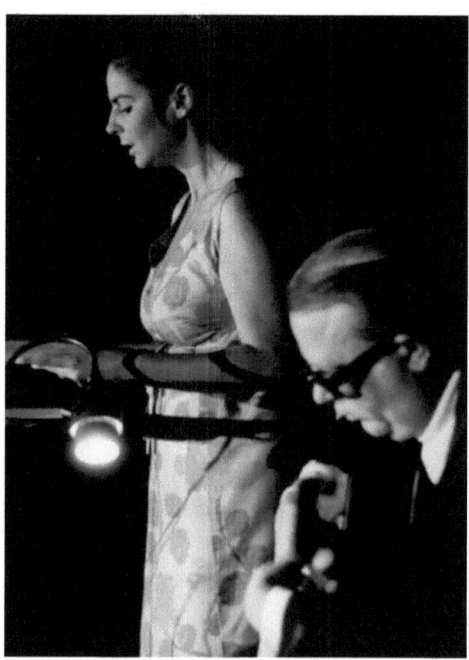

Abb. 56: Karlsruhe 1972

104

Martin Maria Krüger

Hommage – Siegfried Behrend als Lehrer

Der Anruf erreichte meine Mutter gegen Mitternacht. „Hier Behrend. Ihr Mann hat mir geschrieben, dass Ihr Sohn mir einmal vorspielen möchte." Auf den Einwurf hin, mein Vater werde erst im Lauf der Nacht von einer Geschäftsreise zurückkehren: „Kein Problem. Ich bin nur für ein paar Stunden in Berlin und bis fünf Uhr früh erreichbar. Wir sollten uns verabreden."

Ein paar Wochen später, nach einem umfangreichen Vorspiel des Sechszehnjährigen im oberbayerischen Feriendomizil der Musikverlegerin Edith Zimmermann, dem alten Pfarrhof zu Wall: „Ein so schlechtes Gitarrespiel habe ich noch nie gesehen. Aber sie gefallen mir. Sie sind vorlaut, und Sie sind musikalisch; aus Ihnen könnte etwas werden. Wollen Sie Gitarrist werden? Dann werde ich Sie ausbilden. Allerdings verlange ich, dass Sie bis zum Abitur weiter die Schule besuchen und anschließend ein ordentliches Musikstudium absolvieren: Papier wird immer wichtiger. Da Sie die Gitarre bei mir nur privat studieren können und sich zwei Gitarrelehrer gleichzeitig nicht günstig auswirken, müssen Sie ein anderes Hauptfach wählen. Am besten Schlagzeug bei meinem Freund Siegfried Fink in Würzburg. Da stören die Fingernägel an der rechten Hand nicht, und Sie lernen alles, was den meisten Gitarristen fehlt: rhythmische Disziplin, große Literatur im Orchester, selbstverständlicher Umgang mit neuer Musik."

Diese scheinbar so leicht hingeworfenen Sätze – es entsprach Siegfried Behrends Wesen, Dinge, je mehr sie ihn berührten, desto gleichgültiger in Formulierung und Mimik zu behandeln – zeugten vom Credo des damals noch auf dem Zenit seiner frühen Weltkarriere stehenden sechsunddreißigjährigen Gitarristen: Das Wichtigste an einem Menschen, auch an seinen wenigen Schülern, war ihm die Persönlichkeit; und er richtete stets den

Blick über den gitarristischen wie überhaupt über jeglichen „Tellerrand" hinaus – hin zum Großen, zum Fremden, zum Neuen.

Abb. 57: In der Bar Quimet in Barcelona, 1972. v.l.n.r : Siegfried Fink, Claudia Behrend, Martin M. Krüger, Siegfried Behrend

Gleichzeit übernahm er sehr bewusst und mit großer Radikalität persönliche Verantwortung im Rahmen eines klassischen Meister - /Schüler – Verhältnisses. Für den Welt-bürger Behrend bedeutete dies, einen jungen Menschen nicht nur gitarristisch auszubilden, sondern ihm Horizonte zu öffnen, Weite der Erkenntnis durch Erfahrung; Essen, Trinken, Begegnungen, Reisen, Auftritte. Die Reihenfolge ist eine rein zeitliche: vom ersten Tag an lud der begnadete Feinschmecker zum Essen und Trinken ein, wobei das „Repertoire" von der Bauernbutter oder dem selbst geangelten und geräucherten Fisch bis zur Consommee aus Hasenmark im legendären Berliner „Maître", vom privaten Obstbrand bis zum betagten Jahrgangschampagner reichte. Die Freunde aus aller Welt – Diplomaten, „Goethe-

Abb. 58: Workshop 1968 in Kualalumpur

Leute", Künstler, oft auch einfach Gitarrenliebhaber oder eben einheimische Bauern und Handwerker - kamen zu Besuch und begegneten auch dem Eleven, der ganz selbstverständlich in den Familienkreis aufgenommen worden war und zwischen den Gesprächen durch ein Kurzkonzert schnell eine regelmäßige „Ration" Auftrittstraining absolvierte. Sobald es der Leistungsstand ermöglichte, wurde er schließlich selbst zum musikalischen Partner, gipfelnd in der Bildung des „Deutschen Gitarrenduos" und dessen Debut 1977 in der Berliner Philharmonie. Innerhalb weniger Jahre bildete sich ein kleiner Schülerkreis – in der zeitlichen Reihenfolge ihres „Eintritts": Manuel Negwer, Matthias Henke, Michael Tröster, Helmut Richter – , dessen „Mitglieder" jeweils ihre individuelle, aber immer vielfarbige und zur bleibenden Freundschaft mit Siegfried Behrend, seiner Frau und künstlerischen Partnerin Claudia sowie seiner Mutter Kornelia gewordene Geschichte haben. Mit Michael Tröster hat Behrend auch nach 1979 das Deutsche Gitarreduo weitergeführt. Der Unterricht bei diesem ständig reisenden Künstler konnte ja nur in unregelmäßigen Intervallen – in der Regel alle vier bis sechs Wochen und an wechselnden Orten – stattfinden, dann oft allerdings mehrere Tage hintereinander jeweils mehrere Stunden. Behrend ging davon aus, dass ein intelligenter Schüler mit künstlerischem Potential in der Lage sein müsse, diese Zeiträume sinnvoll zu nutzen. Zur Ausbildung des von ihm stets so bezeichneten „Spielapparats" beschränkte er sich auf die Formulierung von Übungsgrundsätzen, die vor allem den permanenten Einsatz des Metro-

Abb. 59: Gitarrenworkshop in Herne

noms und das unbedingte, stets erneuerte Beginnen im langsamen Tempo betrafen: „Nie etwas schneller spielen als du es wirklich kannst, so dass du schon beim Üben Fehler machst. Dann können sie gar nicht erst entstehen." Der weitgehend als Autodidakt groß gewordene Musiker verlangte von seinen Schülern eigenständiges logisches Denken. Für spieltechnische Übungen gab er Grundschemata an, die der Student systematisch variieren und erweitern musste. Er verwendete keine Schulwerke, sondern empfahl geeignete Etüden und Spielstücke der großen Gitarrekomponisten zur Umsetzung der technischen Elemente. Der Schüler wurde pauschal zu größtmöglichem Fleiß ermuntert, wobei Behrend immer betonte, dass es ohne außerordentliche Übungsdisziplin kein Künstlertum gebe und für ihn die Zusammenarbeit bei deren Fehlen auch uninteressant sei.

Im Übrigen verfügte er durchaus gelegentlich über liebenswürdige pädagogische Schlitzohrigkeit: Meine erste Unterrichtsphase (1971) begann in einem Erlanger Hotel und setzte sich über mehrere Tage in Saarbrücken sowie, nach einem gemeinsamen Abstecher über Luxemburg, in dem schon erwähnten Wall fort. Sie war fast ausschließlich technischen Gundübungen einschließlich Tonleitern gewidmet. Anschließend begab sich der Meister auf eine achtmonatige Tournee nach Fernost und Afrika. Er überreichte mir eine Liste seine Tourneeadressen und trug mir auf, ihm an jede

Station ein Tonband zu schicken, das mit Fingerübungen und Tonleitern im jeweils möglichen Höchsttempo bespielt sein sollte, damit er meine Fortschritte überwachen könne.

Das tat ich natürlich und erhielt dafür gelegentlich Postkarten (meist mit humorig-anzüglichen Motiven), auf denen er meine Entwicklung lobte und mich zu eifrigem Weiterüben animierte. Nach seiner Rückkehr fragte ich ihn, ob er denn im Einzelnen keine Anmerkungen habe. Daraufhin antwortete er lapidar, er habe keine Möglichkeit gehabt, die Bänder abzuhören und habe sie jeweils sofort in den Papierkorb geworfen. Es sei ihm nur darum gegangen, mich zum Arbeiten anzutreiben.

Bei der Erarbeitung von Literatur ging Behrend davon aus, dass der Schüler selbständig ein Stück bis zur Spielfertigkeit geübt hatte, bevor es im Unterricht gearbeitet wurde. Auch dort beschränkte er sich – neben zahlreichen spieltechnischen und gestalterischen Tipps, die seinen Humor und eine durchaus kindliche Verspieltheit verrieten und von ihm mit der Vokabel „professionell" etikettiert wurden – auf Hinweise, die immer dieselben Grundprinzipien seiner Musizierauffassung zum Ausdruck brachten: Große musikalische Bögen, Eleganz, „Atem"; innere Ruhe, ausmusizieren – auch im schnellsten Tempo (Tipp: „schwere Passagen im Ausatmen spielen, damit sie locker bleiben") Registrierungen als formbildendes bzw. abbildendes Stilmittel. Große rhythmische Disziplin und behutsames rubato. Deutliche, auch extreme dynamische Gestaltung. Völlige Freiheit von Nebengeräuschen – sein „Rezept" für die linke Hand: „Finger nicht „weg nehmen", sondern „abdrücken" wie beim Hochsprung. Dadurch ist der Lagenwechsel am intensivsten und überbrückt im Corpus den Zeitraum bis zum nächsten Ton, und die geräuschvolle minimale Seitenbewegung an der Saite wird vermieden."

Wichtig war Behrend eine vibratoarme, außerordentlich schlanke Tongebung „edle Unaufdringlichkeit". Diese Auffassung stand in engem inneren Zusammenhang mit seiner großen, auch andere Lebensbereiche betreffenden und durch tiefe Freundschaften mit wunderbaren Persönlichkeiten „besiegelten" Liebe zur alten japanischen Kultur. Die von ihm mit absoluter Ausschließlichkeit geliebte Weißgerber – Gitarre mit ihrem ausgeprägten Silberklang macht auch seine andere große Leidenschaft greifbar: Italien und dessen Musik der Renaissance. In den letzten zwanzig Lebensjahren trat zunehmend Altbayern hinzu mit seiner stillen („staden") Volksmusik des Dreigesangs und der Saiteninstrumente sowie seiner tiefen, durchaus auch wilden, aber immer unaufdringlich und knapp „formulierten" Lebensfreude.

Siegfried Behrend hat keine großen systematischen Unterrichtswerke vergleichbar den Schulen bedeutender Lehrer verfasst, lediglich einen Versuch „Gitarre – mein Hobby" im Musikverlag Zimmermann, an dem man auf engem Raum seine bereits beschriebene Methodik studieren kann. Für jugendliche oder erwachsene Liebhaber mit Phantasie und Disziplin wird hier ein interessantes Kompendium als „Bausatz" geboten; für Kinder ist dieser Weg ungeeignet.

Zahlreich sind hingegen Behrends Ausgaben ausgewählter Etüden und – nicht nur – leichter Spielstücke. Sie werden zunehmend seltener verwendet, weil sie nicht mehr den Ansprüchen heutiger Editionspraxis genügen und auf eine wissenschaftlich korrekte Wiedergabe des Notentextes verzichten, haben aber – neben meist sehr günstigen Preisen – den gewichtigen Vorteil äußerst sparsam bezeichneter Fingersätze, förderlich für die Überschaubarkeit des Notenbildes und anregend zur eigenständigen Interpretation, die schließlich vom Fingersatz nicht zu trennen ist.

Großes Gewicht legte Behrend auf das Training des Vom – Blatt – Spiels. Dabei stellte er gern schier unlösbare Aufgaben – so innerhalb weniger Tage sämtliche Legnani – Capricen – um die für die Berufspraxis so wichtige Fähigkeit zu fördern, innerhalb kürzester Zeit Repertoire erschließen zu können und das eigentliche Üben an einem Stück auf die wirklich schwierigen Teile, häufig nur kurze Partikel, zu konzentrieren. Er liebte gemeinsames Durchspielen von Kammermusik und freute sich über kammermusikalische Partnerschaften seiner Schüler.

Ein Blattspielteil leitete auch jeden Tag seiner Meisterkurse ein, die er ab 1972 alljährlich auf der Rosenburg hoch über Riedenburg im Altmühltal und 1982 bis 1990 im Alten Pfarrhof zu Wall, den er nach dem Tod Edith Zimmermanns von deren Tochter Maja-Maria-Reis übernommen hatte, ausrichtete: Der Meister saß mit einem Metronom vor sich an der Bühnenseite und ließ aus dem – bildlich zu nehmenden – Kreis der Kursteilnehmer einen nach dem anderen auf die Bühne treten und öffentlich Etüden vom Blatt spielen. Verhaspelte sich jemand unrettbar, verfügte er über ein Lachen, das frei von Spott und irgendwie gleichsam fröhlich-entschuldigend war wegen der durch ihn auferlegten Zumutung. So konnte sich der „Delinquent" wieder frei spielen. Die Häme der Zuhörer hielt sich ohnehin in Grenzen, da jeder in gleicher Weise betroffen, und Behrend, der über ein feines Gespür für sozusagen gruppendynamische Prozesse verfügte, durch die jeweilige, gelegentlich durch ein liebevoll-grausames Schmunzeln kommentierte Stückzuteilung durchaus subtile pädagogische Zusatzeffekte zu erzielen im Stande war. Gerade als Kursleiter war er ideal, da die klaren, logischen Hinweise zu grundsätzlichen Problemen und Fragestellungen den Studenten die Möglichkeit eröffneten, selbständig durch konsequentes Üben über längere Zeit Verbesserungen zu erreichen.

Diese Kurse, begleitet im Übrigen durch die vielgestaltigen, Experimentierfreudigkeit und Unkonventionalität widerspiegelnden „Musikfestspiele im Altmühltal", später „Musikfestspiele im bayerischen Oberland", vereinten eine jährlich variierende internationale Gitarristengemeinde. Der Meister, der sie auch selbst managte, liebte sie sehr, und die „Nachbereitung" im heiteren Gespräch bei Bier und Wein dauerte fast täglich bis spät in die Nacht.

Durch diese Kurse bildete sich neben dem bereits namentlich aufgeführten und nur eine Periode von kaum zehn Jahren betreffenden engeren Schülerkreis eine größere Gruppe junger Gitarristinnen und Gitarristen, die im Einzelfall auch außerhalb der Kurszeiten mit Behrend in Kontakt traten. Er war in seiner Verfügbarkeit und Hilfsbereitschaft von vollendeter Großzügigkeit wie wohl selten ein großer Künstler.

Abb. 60: Abschlussfoto eines Meisterkurses in Riedenburg, 1979

Sein nie gehetzt wirkender, aber immer vorwärts drängender Geist ließ diesem einzigen deutschen Gitarristen der Nachkriegszeit von weltweiter Reputation auch an die Wiege der Integration der Gitarre in die großen deutschen Nachwuchswettbewerbe „Jugend musiziert" sowie „Podium junger Solisten" – nachfolgend „Deutscher Musikwettbewerb" – stehen.

Er beklagte den meist laienhaften Ausbildungsstand selbst von Musikstudenten und das weitgehende Fehlen qualifizierter Lehrer noch in den Siebziger Jahren. Angebote zur Übernahme von Professuren nahm er nicht wahr, weil er sich in seiner Freiheit, auch derjenigen zur Beschränkung auf wenige ihm am Herzen liegende Schüler, nicht einschränken lassen wollte. Die angebotenen Möglichkeiten wären wohl auch mit seiner Wahl des leidenschaftlich geliebten Wohnsitzes im Voralpenland schlecht zu vereinbaren gewesen. Von selbst versteht sich, dass er auf seinen Konzertreisen ungezählte Workshops an Hochschulen, Konservatorien und Universitäten, oft organisiert durch die örtlichen Goethe-Institute, gab.

Siegfried Behrends Unterrichtsphilosophie war wahrhaft sokratisch: Nie nahm er für Unterricht – außerhalb von Kursen – Geld. Er begründete dies mit seiner Überzeugung, der Wissende und Könnende sei zur Weitergabe seiner Erkenntnisse gegenüber Begabten und damit gegenüber der Menschheit moralisch verpflichtet. Dies fasste er im Begriff „Humanität" zusammen. Dank wies er stets zurück mit dem Hinweis, lediglich diese Pflicht erfüllt zu haben, ergänzt durch die Anmerkung: „Die einzig sinnvolle Form des Dankes ist, dass du dich der nächsten Generation entsprechend zur Verfügung stellst."

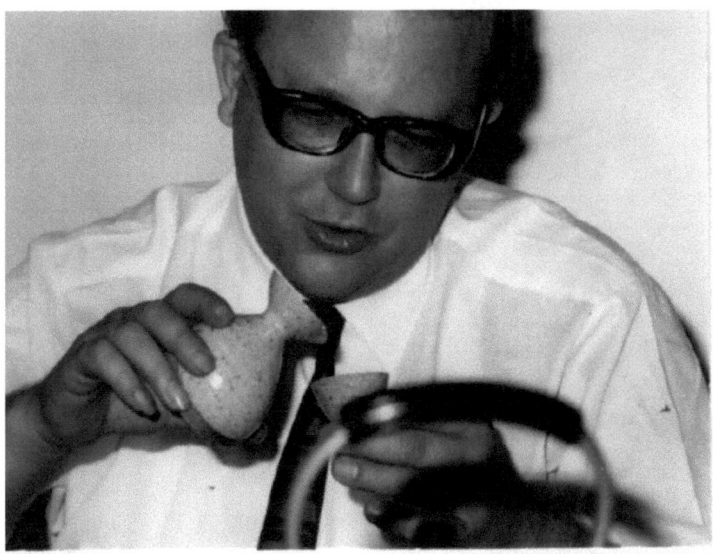

Abb. 61: O Sake! Japan 1968

113

Zwischenspiel: Siegfried Behrend begleitet Pilar Lorengar (1928 – 1996)

Gelegentlich trat Siegfried Behrend mit der zu dieser Zeit ebenso berühmten wie gefeierten Sopranistin Pilar Lorengar auf. Dargeboten wurden altspanische Romanzen und Volkslieder. Zwischen ihr und Behrends Mutter Kornelia (1912– 2011) entwickelte sich eine tiefe Freundschaft, die bis zu Lorengars Tod im Jahr 1996 anhielt.

Abb. 62: Fernsehaufnahme 1968

Abb. 63: Pilar Lorengar (Sopran) und Siegfried Behrend in einer Fernsehaufnahme 1968

Michael Tröster
Musizieren mit Siegfried Behrend

Ende 1976 bekam ich unerwartet einen Brief „Am 3. März nächsten Jahres machen wir einen Duoabend. Programm liegt bei" Die Aufregung und die Freude waren groß. Ich, der 20jährige Student, sollte mit dem Meister Siegfried Behrend spielen. Ich dachte immer, dass ich durch die Meisterkurse und die Orchesterproben beim DZO mit ihm hartes Arbeiten gekannt hätte aber was mich, nach intensiver Vorbereitung, bei dem ersten Probenwochenende erwartete, hätte ich mir nicht träumen lassen. Mittags waren wir in Wall im Pfarrhof verabredet. So gegen 17:00 Uhr fingen wir dann gemütlich an zu proben. Zuerst wurde alles zum Beschnuppern ein paar Mal durchgespielt – und dann ging es los: Jede Wiederholung, jede Phrase, jeder Takt, jeder Ton alles wurde genauestens durchgesprochen, auseinandergenommen, geprobt und wieder geprobt und auch andere Möglichkeiten aufgezeigt (Aufschreiben?? - is 'nich' !! Man muss aufeinander reagieren können –erst dann kann man die eigene Musikalität ausleben –

Abb. 64: Das erste Duo-Konzert mit Michael Tröster, Schweinfurt 1977

115

aber nur, wenn man auch dran ist – als Begleitstimme heißt es totale Unterwerfung – nur zuhören was der Andere macht und begleiten – blitzschnell erspüren, was von der anderen Seite kommt!)

Gegen 23:00 Uhr kam ich das erste Mal wieder zur Besinnung, denn Herr Behrend meinte, dass nicht genügend Getränke im Hause seien und wir noch etwas beim Wirt holen müssten. Die erste Pause war somit festgelegt und gut eine halbe Stunde danach saßen wir wieder an den Gitarren und es ging weiter. Die Arbeit – ach was – die Freude, musizieren zu dürfen, zu können, zu müssen – war so faszinierend, dass man keine schmerzenden Finger bzw. andere rückwärtige Körperteile wahrnahm. Konzentration war kein Thema. Wer neben Behrend saß, war gefangen und genoss es, gefangen zu sein; Raum und Zeit existierten nicht mehr.

Gegen 5:00 Uhr morgens war Behrend der Meinung, dass es für den ersten Tag genug sei. Für mich kam nach dem „Erwachen" (rauchender Kopf, wunde Fingerkuppen und eingeschlafenes Hinterteil) der Breakdown. Ich schleppte mich ins Gästezimmer und fiel ähnlich der Bewußtlosigkeit, ausgepumpt in einen traumlosen Schlaf, der am nächsten Mittag um 13:00 behutsam und mitfühlend von Claudia Behrend unterbrochen wurde. Sie teilte mir mit, dass Sigi, der noch bis um 7:00 Uhr Post erledigte, per Zettel verfügte:

> *- 14:00 Probenbeginn*
> *- Michael bis dahin fit machen!*

Viele weitere prägende Tage verliefen in ähnlichen Bahnen. Die Persönlichkeit Behrends konnte jeden in den Bann ziehen – wenn er wollte – er konnte Gitarre spielen – wenn er wollte – auch bis zuletzt. Noch auf der Tournee im Winter 89, wo wir ca. 35 Konzerte gaben, (manche Konzerte waren besser, manche schlechter) kam der Tag, wo ein Freund, er nannte ihn immer Bruderfreund, im Publikum saß, für den er spielen wollte. Ich fand einen ausgewechselten Gitarristen an meiner Seite vor. Schon die ersten paar Takte ließen mich zusammenzucken, so viel Potenz, so viel

116

Spielwitz und so viel Technik erfüllten die ausverkaufte Halle. Da waren keine falschen Töne, die Läufe perlten, dass ich mich sputen musste (und ich bin weiß Gott keine Schnecke auf der Gitarre) und die Phrasen wurden ins Unendliche gezogen – kurz, es war die gleiche Faszination da wie bei unserer ersten Probe, nur diesmal mit Publikum, das begeistert jubelte. Auf meine ziemlich aufgebracht gestellte Frage in der Pause, warum er denn nicht immer so spielen würde, erwiderte er mit dem spitzbübischsten Grinsen, das ich je gesehen habe nur: „Ich weiß ja, dass ich's noch kann!" Und der Fall war für ihn erledigt.

Diese Erfahrung war ein großer Mosaikstein im Kennenlernen dieses Mannes. Zwei Monate zu zweit um die Welt zu reisen, zu konzertieren, sich stundenlang zu unterhalten, zu feiern, zu trinken und die feinsten Speisen (bis hin zu lebenden, über den Tisch krabbelnden Krebsen) zu essen, läßt einen vieles verstehen.

Dieser Mann hat in seinem leider zu kurzen Leben so ziemlich alles gespielt, gesehen, getrunken, gegessen und erlebt, wozu andere mindestens drei bis vier lange Leben bei intensivstem Einsatz gebraucht hätten. Er hat seinen Studenten aus seinem großen Herzen alles gegeben was er hatte, ohne zu fragen, ob er jemals etwas zurückbekommen würde – ohne jemals etwas zu verlangen.

Er war nicht nur ein großer Künstler und ein väterlicher Lehrer, sondern ein großer Mensch!

Abb. 65: Das letzte Konzert im August 1990 zusammen mit Michael Tröster in Hannover

Abb. 66: Proben im Alten Pfarrhof, 1989

Marc Boettcher
Belina & Behrend – zwei musikalische Diplomaten

Auf dem Gebiet des Gitarrenspiels war Siegfried Behrend in jeglicher Hinsicht ein Spätzünder. Während seiner Schulzeit wurde er im Fach Musik mit „Ungenügend" benotet, dabei entdeckte er im Alter von 16 Jahren seine Leidenschaft für die Gitarre, mit der er es als Autodidakt in rasender Geschwindigkeit zu erstaunlicher Virtuosität brachte. Bereits ein Jahr später begann er, Konzerte zu geben und sich mit ähnlicher Hingabe seiner zweiten Passion zu widmen: „Ich hab in zwölf Jahren eine der größten Folklore-Sammlungen der Welt zusammengetragen. Ich sehe sie als klassische Musik an, alle ernsten Komponisten haben sich der Folklore bedient." (SFB-Interview, 1967) Für den enthusiastischen Musiker war es ein Bedürfnis, während seiner vielen Auslandsreisen das musikalische Kulturgut entfernter Völker in Noten festzuhalten und diesen im Gegenzug abendländische Klänge näherzubringen. So schrieb Heino Eggers 1965 in seinem Buch *Belina - Siegfried Behrend - Mit der Gitarre um die Welt*: „Aus dem Konzertsaal ist er aufgebrochen in jene Gebiete unserer Erde, die eigentlich nur den Ethnologen ein Begriff sind. Er hat Monsune und Revolutionen erlebt, Angst und Misstrauen in den Gesichtern von Menschen gesehen, die noch immer als Stiefkinder der Zivilisation dahinleben. Er hat es verstanden, diese Gesichter aufzuhellen, ihnen das Vertrauen und die Gewissheit zu schenken, dass es auch für sie eine würdigere Daseinsform gibt. Über das Mittel der Musik versucht er, den Herzen jener Menschen näher zu kommen, die durch die so oft und lautstark propagierte europäische „Überlegenheit" misstrauisch geworden sind. Die große Versöhnerin Musik verwandelt – nicht zuletzt durch die menschliche Ausstrahlung Siegfried Behrends – Misstrauen in Freundschaft."
Die weltweite Anerkennung stieg dem jungen Musiker nicht zu Kopf. Allüren waren ihm fremd. Mit von Kollegen geschätzter eiserner Disziplin und Professionalität sowie einer gehörigen Portion an Mutterwitz und

charmanter Schlagfertigkeit wusste er, seine gesteckten Ziele zu erreichen und die Menschen für sich und sein fulminantes Gitarrenspiel einzunehmen. Einer seiner Bewunderer war der Regisseur und spätere Hitparaden-Macher Truck Branss, der wie Siegfried Behrend ebenfalls aus Berlin stammte und ihn als Moderator für eine dreiteilige Sendereihe über *Die Geschichte der Gitarre* gewinnen konnte. Parallel zur Aufzeichnung in Saarbrücken fanden im Herbst 1962 die Vorbereitungen für Truck Brands erstes *Portrait in Musik* statt, eine auf nur einen einzelnen Star zugeschnittene Personality-Show. Für den Auftakt verpflichtete der Regisseur die jüdische Sängerin Belina. Ihr künstlerisches Potential und ihre ergreifende Lebensgeschichte machten ihm diese Entscheidung leicht.

In einem kleinen polnischen Dorf namens Sterdyn nahe der Ortschaft Treblinka wurde am 6. Februar 1925 Lea-Nina Rodzynek geboren. Mit dem Einmarsch deutscher Truppen im September 1939 war die Kindheit des Mädchens von einem Moment zum anderen vorbei. Der Großteil der Familie, darunter die Eltern und die Zwillingsbrüder, wurden von NS-Schergen auf der Stelle ermordet oder fanden im Konzentrationslager den Tod. Lea-Nina erhielt glücklicherweise den Pass einer katholischen Nachbarstochter und konnte untertauchen. Als sie schließlich aufgegriffen wurde, verschleppte man sie als Zwangsarbeiterin ins feindliche Deutschland, wo sie in einer Hamburger Rüstungsfabrik am Fließband stehen musste. Nachdem polnische Landsleute sie denunzierten, wurde die zierliche, nur 160 cm große Lea-Nina tagelang im Gefängnis Fuhlsbüttel gefoltert, ohne jedoch ihre jüdische Abstammung preiszugeben. Um der Deportation in ein KZ zu entgehen, schnitt sie sich einen Teil des Daumens ab und kam mit einer Blutvergiftung ins Lazarett Langenhorn. Von dort aus gelang ihr mit Hilfe eines Pastors die Flucht nach Lübeck, wo sie bis zum Kriegsende als Jüdin unerkannt blieb.

1948 heiratete die 23-Jährige einen Auschwitz-Überlebenden, und das Paar bekam im Jahr darauf Sohn Michel Rodzynek: „Meine Mutter war eine stolze Jüdin, aber sie hatte nie diesen Anspruch, zum *Auserwählten Volk* zu gehören, sondern sie hat das immer sehr liberal und sehr tolerant praktiziert, sodass wir zu Hause diese strengen jüdischen Rituale gar nicht gelebt haben und ich schon als kleiner Junge mit auf dem Weg bekam, dass alle Religionen, alle Hautfarben gleichwertig sind und wir nicht bevorzugt zu sein hatten."

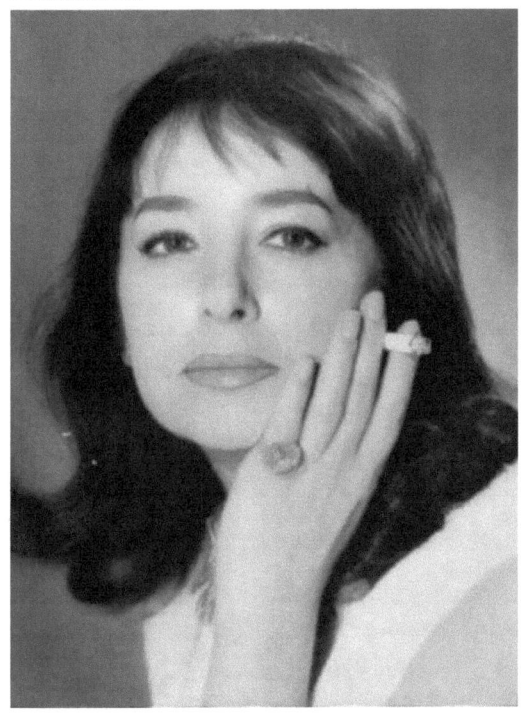

Abb. 67: Belina, 1968

Das Familienglück währte nur kurz, die Ehe der Eltern zerbrach. Die staatenlose Lea-Nina zog es 1953 zu einer Tante ins ferne Paris. Dort absolvierte sie eine Ausbildung an einer renommierten Kosmetikschule und begann Gesangsunterricht zu nehmen. „Da habe ich auch die französische Staatsangehörigkeit bekommen, wurde also Französin. Ob ich's bin, weiß ich nicht. Ich bin überall zu Hause. Ich habe keine Vorurteile, und ich verurteile auch niemanden, und ich möchte auch nicht, um Gottes Willen, irgendwie Mitleid erwecken." Lea-Nina ging in die Schweiz, wo sie als Kosmetikerin im Unternehmen von Elisabeth Arden arbeitete. Doch der Traum, als Sängerin ihr Geld zu verdienen, ließ sie nicht mehr los. In diese Zeit fielen bei Radio Zürich erste Rundfunkaufnahmen. Und schon bald folgten Engagements am Jüdischen Theater und im Russischen Kabarett in Paris sowie erste Schallplattenaufnahmen unter dem Künstlernamen Belina für das französische Label President mit polnischer, russischer und jüdischer Folklore. 1960 folgte die Sängerin dem Ruf nach Köln. Sie holte ihren Sohn nach und war froh, bei der Plattenfirma Odeon unterzukommen. Mit Ausnahme deutschsprachiger Fassungen von *A Yiddische Momme, Non je ne regrette rien* und *Exodus* wurde sie aber meist für banale Schlagereinspielungen und Coverversionen erfolgreicher Hits wie Nana Mouskouris *Weiße Rosen aus Athen* verpflichtet. Auch das NS-Propagandalied *Ich weiß, es wird einmal ein Wunder geschehen* hatte sie zu singen. „Es gibt ja Schlager", so äußerte sie sich enttäuscht, „die wirklich schön sind. Ich bekam jedoch immer irgendwelche, die mir gar nicht lagen". So kam es Belina gelegen, als Schauspielerin von sich Reden zu machen. Sie spielte erfolgreich die Polly in Brechts *Dreigroschenoper* und agierte als zwielichtige Sängerin an der Seite von O. W. Fischer und Klaus Kinski in dem Kinofilm *Das Geheimnis der schwarzen Witwe*. Der große Durchbruch allerdings glückte ihr mit einem 30-minütigen Filmporträt, das ihr 1962 Truck Branss im Auftrag des Saarländischen Rundfunks widmete. Während der Dreharbeiten zu dieser Fernsehsendung, die europaweit Beachtung fand und mit dem Großen Preis der tschechischen Filmfestspiele in Prag ausgezeichnet wurde, lernte Belina den bereits sehr populären Gitarristen Siegfried Behrend kennen.

Der Berliner hatte in seiner zehn Jahre währenden Karriere weltweit umjubelte Konzerte gegeben. Er spielte vor dem sowjetischen Regierungschef Chruschtschow in Moskau, vor US-Präsident John F. Kennedy im Weißen Haus, vor den Kaisern von Äthiopien, Persien und Japan, wie auch vor Ägyptens Präsident General Nasser und dem ersten Ministerpräsidenten Israels Ben-Gurion. Türkische Kritiker betitelten ihn als „Satan der Gitarre". Italienische Zeitungen sprachen vom „Paganini della chitarra", spanische Fachblätter vom größten Künstler seiner Fakultät. Und das japanische Massenblatt Asahi Shimbun fand, er sei „der beste Gitarrist der Welt".

Abb. 68: Belina-Behrend auf Weltreise

Siegfried Behrend und Belina verstanden sich auf Anhieb, nicht nur musi-kalisch, sondern auch menschlich. Auf dem beidseitigen Vertrauen auf-bauend lernte Belina auf die bisherigen Showattribute und Mätzchen zu verzichten und einen ihrer Persönlichkeit gemäßen Stil zu finden. Mit dunklem Pullover, schwarzer Hose und offenem Haar ähnelte sie nun noch stärker als bisher der französischen Chanson-Ikone Juliette Gréco und deren existentialistischen Habitus. Belinas und Siegfried Behrends Vorlie-be für Folklore und der Wunsch, mit Musik die Kulturen und Völker ei-nander näher zu bringen und etwas bewegen zu wollen, ließ schnell den Gedanken reifen, gemeinsam ein Programm auf die Beine zu stellen. In Berlin veranstalteten sie 1963 eine Folk-Session, die auf ihrer ersten LP *24 Songs and one Guitar* festgehalten wurde. Das Album hielt sich 40 Wo-chen lang in den deutschen Album-Charts und erreichte einen überra-schenden 5. Platz. Davon erfuhren die beiden jedoch erst später.

Mit Unterstützung des Goethe-Instituts und des Auswärtigen Amtes, in deren Namen Siegfried Behrend bereits drei Welttourneen absolviert hatte, waren sie an 252 Tagen mit dem werbewirksam „längsten Flugschein der Welt" auf einer Reise rund um den Globus und repräsentierten mit 150 Konzerten in nie da gewesener Form die junge Bundesrepublik. Belina sang Folksongs in 17 verschiedenen Sprachen, die sie sich zum Teil in den Botschaften und Konsulaten der einzelnen Staaten übersetzen ließ und phonetisch aufschrieb, damit sie auch wusste, was sie sang. Dabei kam Belina ihre außergewöhnliche Sprachbegabung zugute, denn schon vor der Zusammenarbeit mit Siegfried Behrend beherrschte sie mit Polnisch, Jiddisch, Russisch, Englisch, Französisch und Deutsch sechs Sprachen fließend. Im Grunde genommen hatten sich in Belina und Siegfried Behrend zwei Seelenverwandte, zwei Weltbürger gefunden, für die es keinerlei territoriale Grenzen und keine Unterschiede zwischen den Menschen gab. Sie sahen die Musik als die einzig universelle Sprache an, die überall auf der Welt verstanden wird, unabhängig von Alter und Glauben sowie von Herkunft und kultureller Prägung.

Zum Konzept ihrer Konzerte gehörte es, neben dem feststehenden Programm internationaler Folklore wenigstens als Zugabe ein Lied in der jeweiligen Landessprache als eine Geste der Freundschaft und zum Zeichen der Einigkeit vorzutragen. „Der faszinierte Zuhörer", so beschrieb Heino Eggers in seinem Buch, „wird zum träumenden Mitreisenden. Was macht es, dass er die fremden Texte nicht versteht, bestimmte elementare Äußerungen des Herzens sind allen Menschen gleich. Das Herz der Menschheit schlägt für alle im gleichen Takt. Was in einsamen Nächten die Seele eines jüdischen Hirten rührt, klingt wieder in den Steppen Russlands oder am karibischen Inselstrand." Und Siegfried Behrend fügte dem hinzu: „Ein Wiegenlied aus Indien oder aus Malaya oder aus Afrika wird immer ein Wiegenlied sein. Und jeder Mensch, auch wenn er die Sprache nicht versteht, wird das empfinden, was das Kind auch empfindet, wenn die Mutter so ein Wiegenlied singt. Es geht von Herz zu Herz."

Im Rahmen ihrer Kulturarbeit stießen die zwei „musikalischen Diplomaten", wie das Duo von den Medien gern bezeichnet wurde, bei den ausländischen Gastgebern grundsätzlich auf Wohlwollen und auf ein begeistertes Publikum. Aber es gab auch Momente der Ablehnung und Feindseligkeit, gerade in Zeiten des Vietnamkrieges und des schwelenden Nahostkonflikts. So berichtete Siegfried Behrend 1965 in einem WDR-Interview zum Auftakt der zweiten gemeinsamen Welttournee von einem Vorfall während ihrer ersten Tournee. „Leider kam es nicht zu dem Konzert in Bagdad. Wir waren gebucht für Kairo, Alexandria, Jerusalem, Amman, Beirut, Damaskus und Bagdad. Doch nach einem Konzert mit Belina in Berlin schrieb eine Kairoer Zeitung, eine politische Wochenzeitschrift, einen ganz bösen Artikel über mich, nicht nur wegen des Konzertes, sondern auch wegen der Schallplatte, die wir in Deutschland herausgebracht haben: *Es brennt*, die Geschichte des jüdischen Liedes. Man schrieb: Es ist eine Frechheit, wie kann es angehen, dass die Konsulate, einem Deutschen ein Einreisevisum erteilt haben, der ein Feind des Landes ist, weil er jüdische Kultur veröffentlicht. Belina und ich haben kurzerhand umentschieden, abgesagt und in Israel Konzerte gemacht. Wir wollen nicht provozieren, wir wollen nur das Kulturgut von allen Völkern wiedergeben, und dazu gehört auch das jüdische. Doch solche hochbrisanten Pannen lauern auch in anderen Ländern, wie in Pakistan und Indonesien. In Saigon wurde ein Konzert von Bombeneinschlägen und Schießereien begleitet. "

Belina und Siegfried Behrend knüpften auf ihren Konzertreisen durch mehr als 120 Länder Kontakte zu Diktatoren und Königshäusern. Vor allem der Auftritt im afrikanischen Lambaréné und die Begegnung mit dem Friedensnobelpreisträger Albert Schweitzer in seinem Urwald-Spital zählte zu den schönsten und nachhaltigsten Erlebnissen. Als Belina 1966 anlässlich einer Europatournee nach 24 Jahren erstmals wieder nach Polen reiste, wurden ihre Erwartungen allerdings bitter enttäuscht. Die traumatischen Erlebnisse aus Kindertagen hatte sie seit ihrer Vertreibung unterdrückt, nur beim Singen der Ghettolieder und traurigen jiddischen Weisen ließ sie Wehmut und Leid anklingen. Nun traf sie einige ihrer Verwandten und Landsleute wieder, suchte mit ihnen ein klärendes Gespräch, um Vergangenes aufzuarbeiten und zu verstehen. Doch die Hoffnung auf Versöhnung blieb unerfüllt. Die einstige Entwurzelung hatte zur Entfremdung geführt. Das ließ sie auch das Publikum spüren. Wurden die weltweit ausverkauften Konzerte stets mit großem Beifall und Zugaberufen honoriert, nahm man in Polen von ihr und Siegfried Behrend kaum Notiz. Die langersehnte Rückkehr in ihre Heimat erlebte Belina als eine persönliche Katastrophe. Sie hatte diese endgültig verloren.

Zurück in Deutschland waren Siegfried Behrend und Belina im Zeitraum von fünf Jahren zu Idolen einer ganzen Generation geworden. Ihr musikalischer Nachwuchs ließ nicht lange auf sich warten. Esther und Abi Ofarim traten schon früh in ihre Fußstapfen und feierten weltweit Erfolge. Die junge Sängerin Alexandra startete 1965 als Fan Belinas ihre Karriere mit Folklore, zuerst als Mitglied der City Preachers, später als Solistin. Auch Vicky Leandros, Joana und Costa Cordalis widme-

Abb. 69: Lambaréné, Ghana, 1965: mit Albert Schweitzer

ten ihre Langspielplatten oder Debüt-Alben dieser Musikrichtung. Und natürlich gab es schon vor all diesen Weltmusik-Interpreten internationale Stars wie Harry Belafonte, Nana Mouskouri, Miriam Makeba und viele andere, die Folksongs in ihrem facettenreichen Repertoire hatten und für ein friedvolles Miteinander eintraten.

Ende der 1960er-Jahre beschlossen Belina und Siegfried Behrend getrennte Wege zu gehen, obwohl sie in den kommenden Jahren immer mal wieder gemeinsam auftraten und auf Reisen gingen. Mit dabei war nun häufig die junge Berliner Schauspielerin Claudia Brodzinska, die Siegfried Behrend anlässlich eines Konzertes mit Belina in Berlin kennengelernt und 1965 geheiratet hatte. Zusammen mit seiner Frau wandte er sich neben seinen klassischen Solo- und Zupforchester-Projekten verstärkt der experimentell-avantgardistischen Musik zu, der Kombination aus Sprechstimme und Gitarre, und unterrichtete bis zu seinem überraschenden Tod 1990 mit nur 56 Jahren noch eine Gruppe von Meisterschülern.

Belina traf die Trennung von ihrem langjährigen Gitarristen und Freund schwer. Für die Plattenfirma Polydor sang sie in deutscher Sprache Songs aus dem Musical *Anatevka* und den Welthit *Those Were The Days* ein, konnte aber an ihre früheren Erfolge nicht anknüpfen. Als die Produzenten Belina wie am Anfang ihrer Karriere auf billige Tagesschlager

Abb. 70: Neuseeland 1970: mit Claudia, Siegfried und Belina

zu reduzieren versuchten, winkte sie ab. Aus dem einstigen Flüchtlings-mädchen war längst eine selbstbewusste, weltgewandte Frau geworden, die nun offen sagte, was ihr missfiel, und sich damit nicht immer Freunde machte.

Siegfried Behrend bezog mit seiner Frau ein schönes Anwesen im bayeri-schen Voralpenland, Belina wiederum verbrachte einige Jahre in der süd-französischen Künstlerkolonie St. Paul de Vence, wo Marc Chagall, James Baldwin, Curt Jürgens, Yves Montand und Simone Signoret zu ihren Nachbarn gehörten. Sie nahm nur noch wenige Angebote wahr, sang in kleineren Clubs vor Intellektuellen und künstlerisch interessierten Zuhö-rern. 1981 veröffentlichte sie mit dem Gitarristen Ladi Geisler, prägender Sound-Geber des legendären Bert-Kaempfert-Orchesters, ein letztes, sehr schönes, aber leider unbeachtetes Album mit dem Titel *Meine Fantasie*. Danach zog sich Belina endgültig aus dem Showgeschäft zurück. Bis zu ihrem Tod am 12. Dezember 2006 im Alter von 81 Jahren lebte sie unweit ihres Sohnes und dessen Familie in Hamburg und erfreute sich an ihrer einzigartigen Souvenir-Sammlung. Ihr Wohnzimmer erinnerte an einen orientalischen Basar: ein ziselierter Messingtisch aus der Türkei, zwei Vasen aus Persien, ein Wandteppich aus Addis Abeba, das Musikinstru-ment eines afrikanischen Eingeborenen, ein aus edlem Gehölz geschnitztes Götterpaar aus Bolivien und…und…und…

Trotz ihres persönlichen Schicksals ist es erstaunlich, was Belina nach dem 2. Weltkrieg als jüdische Künstlerin in Deutschland zur Völkerverständi-gung und zum Kulturaustausch zwischen verschiedenen Bevölkerungs-gruppen und Kulturkreisen beigetragen hat. Trotz grauenvoller Erinnerun-gen fand sie den Weg ins Nachkriegsdeutschland zurück und zog von dort aus zusammen mit Siegfried Behrend um die Welt, um eine Brücke der Versöhnung, Toleranz und Gleichberechtigung zwischen Deutschen, Juden und den anderen Völkern dieser Erde zu schlagen. Ihrer beider Bestreben zu verbinden und zu vermitteln, war nicht nur vorbildlich und mutig, es ist noch in heutiger Krisenzeit von brennender Aktualität, in einer Zeit, in der die klassische Folklore eine durchaus heilende Wirkung haben könnte. Daher sollten ihre Lebensgeschichten, die gemeinsamen Ambitionen und ihr soziales Engagement nicht in Vergessenheit geraten!

Abb. 71: Der Flugschein für die Welttournee 1963

Abb. 72: Autogrammkarte, ca. 1978, mit einer Weißgerber-Gitarre mit „maurischem Kopf"

Helmut Richter

Der Komponist Siegfried Behrend

Eine wichtige Facette in Behrends reichem und vielseitigem künstlerischen Schaffen ist das Komponieren von Musik für sein Instrument, die Gitarre. Die große Bandbreite verschiedener Kompositionsstile und -techniken, die in seinen Werken zu finden ist, spiegelt die Persönlichkeit Behrends wider : immer auf der Suche nach dem Neuen, noch nicht gemachten, dem – im wahrsten Sinne des Wortes – unerhörten – jedoch auch das Alte achtend und bewahrend. So ruht sein Œuvre im Wesentlichen auf drei Säulen.

Abb. 73: Der junge Komponist, 1953

Seine Liebe zu folkloristischer Musik zeigt sich in ungezählten Adaptionen volkstümlicher Melodien, die ihm gerade in den 50er und 60er Jahren zu internationalem Ruhm verhalfen. In der ersten schwierigen Zeit der Etablierung als weltweit anerkannter Musiker wandte er sich vornehmlich der spanischen Folklore zu, die damals – in der Nachkriegszeit – in dem in Kriegszeiten nach außen hin abgeschotteten Deutschland nahezu unbekannt war. Mit dieser Musik, die größte Fingerfertigkeit verlangte, konnte er seine besonderen virtuosen Fähigkeiten auf der Gitarre zeigen und sich einen Namen machen. Zeitzeugen erzählen gerne, dass er – als einer der wenigen Nicht – Spanier – die Kunst des Cante Jondo, des (auf der Gitarre improvisierten) *tiefinneren Sangs* verstand. Seine aufgeschriebenen Kompositionen geben dies nur ansatzweise wieder : Improvisationen lassen sich nun mal eben nicht notieren und – honni soit qui mal y pense – es musste ein breiter Publikumsgeschmack angesprochen werden, um Gehör zu finden.

Abb. 74: Am Arbeitsplatz in der Berliner Wohnung

Mit zunehmendem Ruhm erweiterte sich sein folkloristisches Spektrum – davon zeugen einerseits zahllose Liedbearbeitungen internationaler Folklore, mit denen er zusammen mit der Sängerin Belina die ganze Welt bereiste, andrerseits seine Verarbeitung von Volksmusik für die solistische Gitarre – mit einem Schwerpunkt auf fernöstliche Motive, da er diese Region der Welt, insbesondere Japan, besonders liebte.

Ungezählt sind die Tonbandaufnahmen ursprünglicher und unverfälschter folkloristischer Musik des Sammlers Behrend, die er von seinen zahlreichen Reisen als Inspiration für eigene Kompositionen mitgebracht hat.

Obwohl Behrend berechtigterweise keinen Unterschied zwischen E- und U-Musik machte, komponierte er auch im traditionellen Sinne. Gerne ver-

Abb. 75: Kompositionspause mit seiner Mutter, Kornelia Behrend, in der Berliner Wohnung

wandte er Motive alter Musik für eigene Kompositionen oder ließ sich davon für eigene Werke inspirieren und erweiterte damit das Repertoire für sein Instrument in diesem Bereich. Seine Kompositionen, besonders solche, die in den 50er Jahren entstanden, sprechen eine gemäßigte Tonsprache z.B. eines Hindemith, dem er auch ein Duett für Bratsche und Gitarre widmete.

Hörten wir bisher nur Töne, die uns mehr oder weniger vertraut waren, so zeigt die „dritte tragende Säule" ein ganz anderes Gesicht des Gitarristen und Musikers (zwischen diesen beiden „Berufsbezeichnungen" machte er stets einen großen Unterschied!) Siegfried Behrend: er setzte sich mit dem ihm eigenen Engagement für die zeitgenössische Musik ein, besonders für die Werke der Avantgarde. Jedoch begnügte er sich nicht wie viele andere damit, ambitionierte Kompositionen z.B. eines Sylvano Bussotti oder eines Logothetis zu initiieren und zu spielen, er trug selbst zahlreiche Stücke in graphischer Notation zum Repertoire der Gitarre bei, und – wie bei einem Menschen wie Behrend nicht anders zu erwarten – sparte er auch die Besetzung des Zupforchesters nicht aus, das in den 50er Jahren noch in tremolierender Italiensehnsucht schwelgte.

Durch sein Wirken als Dirigent des Deutschen Zupforchesters und nicht zuletzt durch seine mitreißende Art war es ihm möglich, mit avantgardistischen Kompositionen – auch aus eigener Feder – in völlig neue Klangwelten vorzustoßen und so das Klangbild des Zupforchesters nachhaltig zu revolutionieren.

Abb. 76: Avantgarde mit Claudia Behrend, Japan 1971

...oder seine Kompositionen, die den reichen Möglichkeiten des umfassendsten Instrumentes – der menschlichen Stimme – Rechnung tragen – geschrieben für seine Frau, die Schauspielerin Claudia Brodzinska – Behrend vieles bis dato noch nie gemacht und nie wieder so interpretiert.

Viele seiner – wie er es selber gerne sagte – „Stückerln" sind als Geschenk entstanden – oft genug komponierte der Menschenfreund und Freund vieler Menschen ein kleines Stück Musik und brachte es als Gastgeschenk statt des üblichen

Blumenstraußes mit – ein die schnelllebigen Zeiten überdauernder Gruß von Mensch zu Mensch. So liest sich die Liste seiner Widmungen fast schon wie das Gästebuch in seinem immer gastfreundlichen Haus. Darüber hinaus waren diese kleinen Gelegenheitskompositionen wunderbare Stücke für den gitarristischen Nachwuchs, um den Behrend sich als Lehrer liebevoll kümmerte.

So, wie Behrend als Gitarrist ein eher nüchternes, Spiel liebte, so sind auch seine Kompositionen : stets arbeitete er mit unaufwendigen Mitteln, bevorzugte die „kleine Form" immer bewusst der Möglichkeiten, aber auch der Grenzen der Gitarre, nie hatte er es nötig, in musikalische Geschwätzigkeit zu verfallen, weil er immer sehr genau wusste, was er – wie – sagen wollte. Es bleibt nur zu hoffen, dass sein Beitrag zur Literatur der „Zupfmusik" nicht in diejenige Vergessenheit gerät, aus der er – als Interpret und Dirigent – zahlreiche Komponisten mit ihren Kompositionen befreit hat.

Abb. 77: Gitarrespiel

135

Abb. 78: Solokonzert in der Berliner Philharmonie, ca. 1965

Unsere Gäste

Siegfried Behrend als Gastgeber

Helmut Richter

Siegfried Behrend als Gastgeber

Abb. 79: In der Berliner Wohnung, 1965

Siegfried Behrend war nicht nur ein begnadeter Musiker und Organisator, sondern auch ein sehr guter und aufmerksamer Gastgeber, und, mit Verlaub, ein äußerst standfester Kenner und Genießer von Bieren, Weinen, Schnäpsen und anderen (alkoholischen) Köstlichkeiten dieser Welt.

Immer, wenn er eine kurze Pause zwischen seinen ausgedehnten Konzertreisen hatte, lud er Freunde und Bekannte in seine Berliner Wohnung und später in sein großes Anwesen im Tegernseer Tal ein. Es war ihm stets eine große Freude, seine Gäste mit internationalen Köstlichkeiten, die er von seinen Reisen mitgebracht hatte, zu verwöhnen, nicht immer nur zum Vergnügen derer, die in kulinarischer Hinsicht nicht besonders mutig sind.

Oft machte er sich einen Spaß daraus, seine Freunde mit kulinarischen Herausforderungen zu konfrontieren, stets untermalt von seinem lauten, fröhlichen Lachen, das ihn – bis auf die letzten Jahre – durch den Tag begleitete. Mir selbst ist es – wie vielen anderen auch – übrigens nicht ein einziges Mal gelungen, nach einem gemeinsamen Essen in einem Restaurant meine Rechnung zu begleichen – denn auch „außer Haus" war er ein großzügiger Gastgeber, der alle seine Freunde und Gäste einlud.

Abb. 80: Am Arbeitsplatz in der Küche

Meistens gingen die geselligen Abende bis in die späten Nachtstunden, was ihn aber nicht daran hinderte, nach Abreise (oder besser: Abwanken) seiner letzten Gäste in seinem Arbeitszimmer noch so lange diszipliniert zu arbeiten, bis sein Pensum für den jeweiligen Tag erledigt war. Er antwortete umgehend auf jeden Brief und jede noch so nebensächliche Anfrage, manchmal nur mit einem sehr präzise formulierten Zweizeiler, wenn dieser ausreichend war, das Problem zu klären.

Zahlreiche Arbeiten – so beispielsweise das Schreiben von Notenmanuskripten – verrichtete er auch gerne in seiner großen Wohnküche am riesigen Küchentisch, an dem 15 Personen gleichzeitig Platz nehmen konnten.

In seinen letzten Jahren seines Lebens stellte er seine Kommunikation übrigens konsequent auf die Arbeit mit einem Computer um – was in den frühen 80er Jahren selbst für große Unternehmen noch weitgehend ungewöhnlich war. So konnte er noch mehr Post in noch kürzerer Zeit bearbeiten. Allein die Adressendatei „seiner" Konzertveranstalter hatte einen Umfang von mehr als 1000 Adressen in aller Welt, zu denen er jeweils Inhaber oder Ansprechpartner kannte

Abb. 81: Gemütlich am Küchentisch

und benennen konnte. Zudem war er einer der ersten BTX-Nutzer, einem frühen Vorläufer des heutigen Internets.

In den ersten Jahren seiner Karriere bat er seine abendlichen Gäste, meistens Besucher seiner Hauskonzerte, sich in sein Gästebuch einzutragen. Einige dieser Einträge sind nachfolgend abgedruckt – eine Art „Who's Who" der Gitarrenwelt der 50er und 60er Jahre. Hier geht es weniger um die Inhalte der Einträge, vielmehr um den Eindruck, den die jeweiligen Schriftbilder vermitteln – kleine und sehr persönliche, fast schon intime Dokumente einer aufregenden Zeit für die Gitarre in Deutschland.

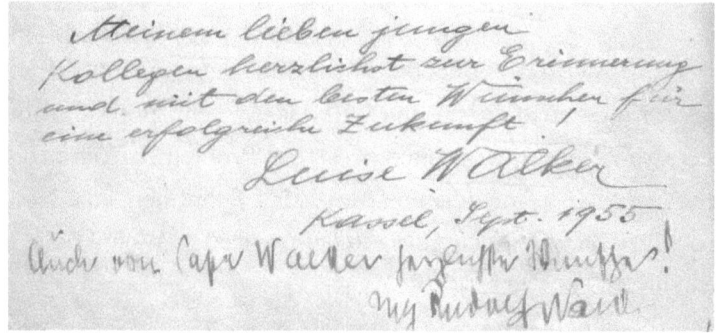

Abb. 82: Luise Walker (1910-1998), Sept. 1955

Luise Walker war zu dieser Zeit (1955) schon eine arrivierte österreichische Gitarristin von internationalem Rang.

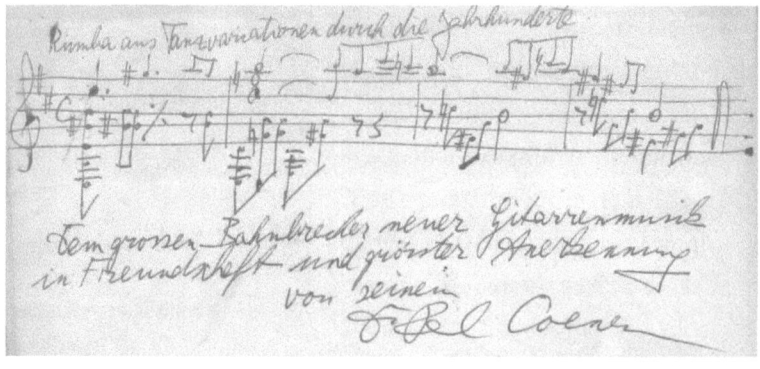

Abb. 83: Komponist Paul Coenen (1908-1995)

140

Paul Coenen war Komponist, der einige kleine Stücke für Behrend geschrieben hat, insbesondere für die Besetzung Blockflöte – Gitarre.

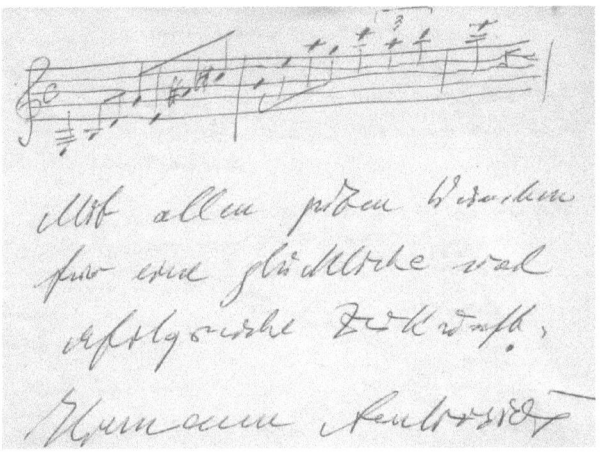

Abb. 84: Komponist Hermann Ambrosius (1897-1983)

Hermann Ambrosius hat zahlreiche Werke für die Konzertgitarre – auch in verschiedenen kammermusikalischen Besetzungen – geschrieben.

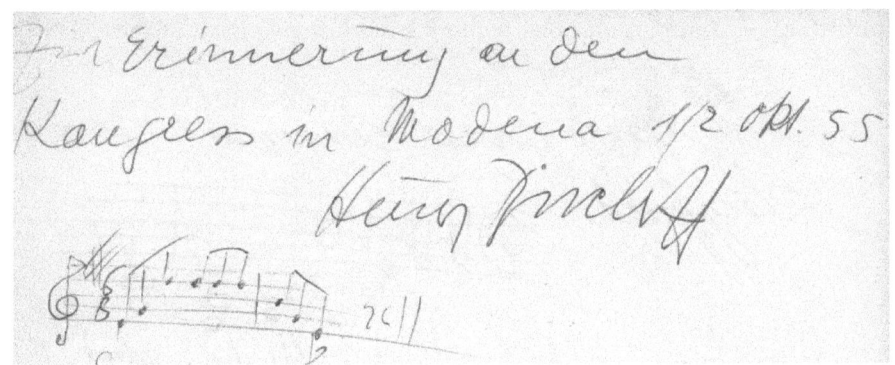

Abb. 85: Der Gitarrist und Lautenist Heinz Bischoff (1898-1963), 1955

Heinz Bischoff hatte sich als Gitarrist, Lautenist und Autor einer Lautenschule einen Namen gemacht. Er galt als einer der besten Kenner der Geschichte „seiner" Instrumente zu seiner Zeit.

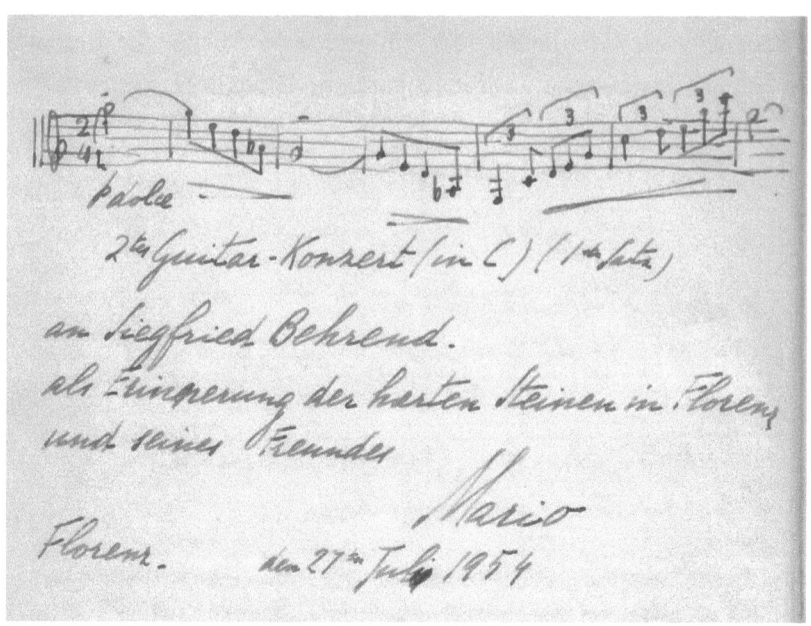

Abb. 86: Castelnuovo-Tedesco (1895-1968), 1954

Mit dem Komponisten Mario Castelnuovo-Tedesco verband Siegfried Behrend eine intensive Freundschaft. Behrend spielte einiger seiner Stücke auf Tonträger ein, darunter das technisch und musikalisch anspruchsvolle Stück „La Guarda Cuydadosa"

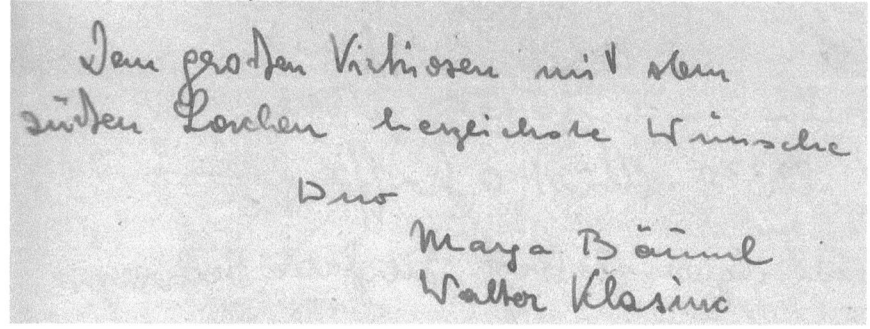

Abb. 87: Marga Bäuml (1916-2004) und Walter Klasinc (1924-2017)

Marga Bäuml und Walter Klasinc waren Gitarristen aus Österreich, die in den 1960er Jahren zu überregionaler Bedeutung gelangt waren.

142

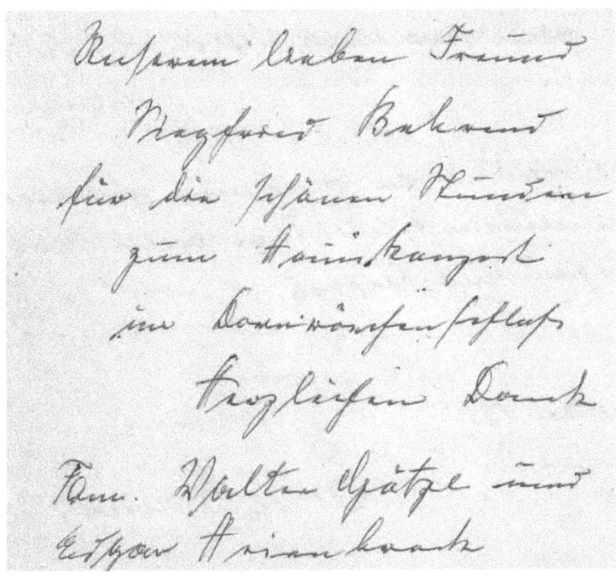

Abb. 88: Walter Götze (1883-1961)

Walter Götze, Berlin, hatte sich einen Namen als Herausgeber von Gitarrenliteratur sowie als Autor von Lehrwerken für die Konzertgitarre gemacht. Seine Gitarrenschule war zu dieser Zeit ein Standardwerk des Gitarrenunterrichts in Deutschland.

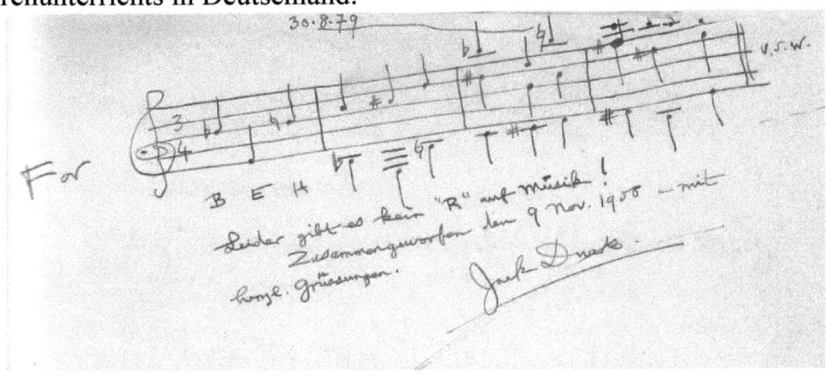

Abb. 89: John W. "Jack" Duarte (1919-2004)

John W. Duarte, genannt „Jack", war ein englischer Jazzgitarrist und Komponist für die Konzertgitarre. Er hinterließ ein umfangreiches Werk.

143

Die teilweise technisch anspruchsvollen, zumeist folkloristisch oder „jazzig" gefärbten Kompositionen widmete er zumeist den führenden Gitarristen seiner Zeit. Besonders bekannt ist seine „English Suite", die er Segovia
zu seiner Hochzeit widmete.

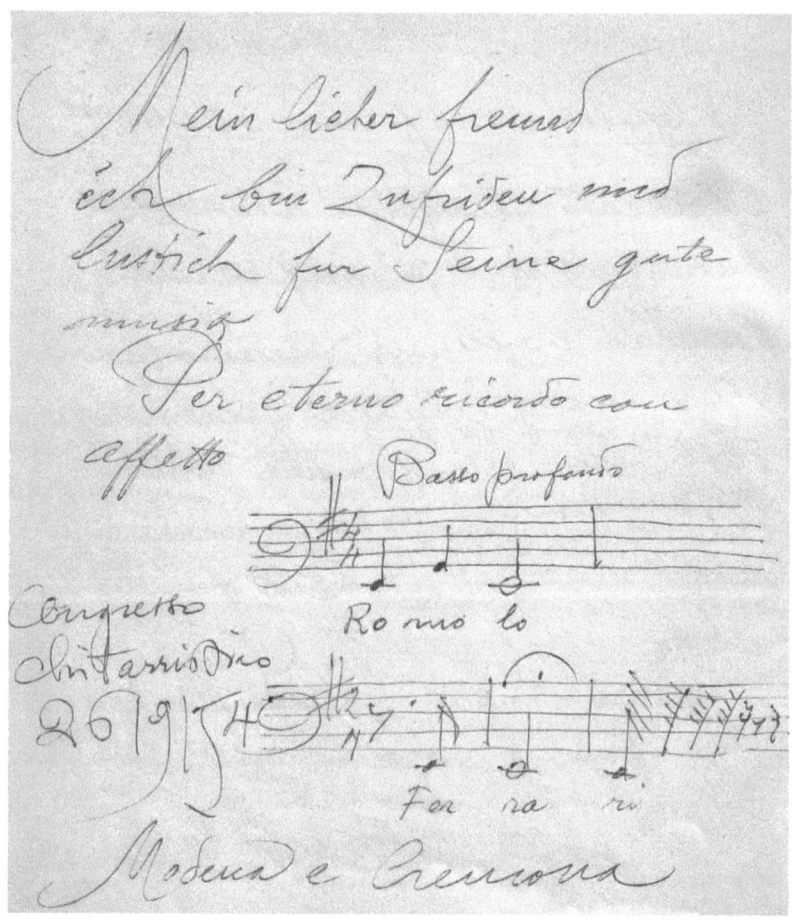

Abb. 90: Romolo Ferrari (1894-1959), 1954

Romolo Ferrari war der Präsident der italienischen Gitarristischen Gesellschaft und ein sehr gute Freund von Behrend.

144

Abb. 91: Herbert Haubenreißer, ca. 1954

Über Herbert Haubenreißer ist nichts bekannt, wahrscheinlich war er ein Freund der Familie Behrend, der auf der Karikatur Siegfried Behrend mit vier rechten Händen und sechs Fingern an der linken Hand skizziert, um dessen Finger- und Kunstfertigkeit humorvoll herauszustellen.

Abb. 92: Eine weitere Skizze „Die Kunst des Lagenspiels im Stehen", 1955

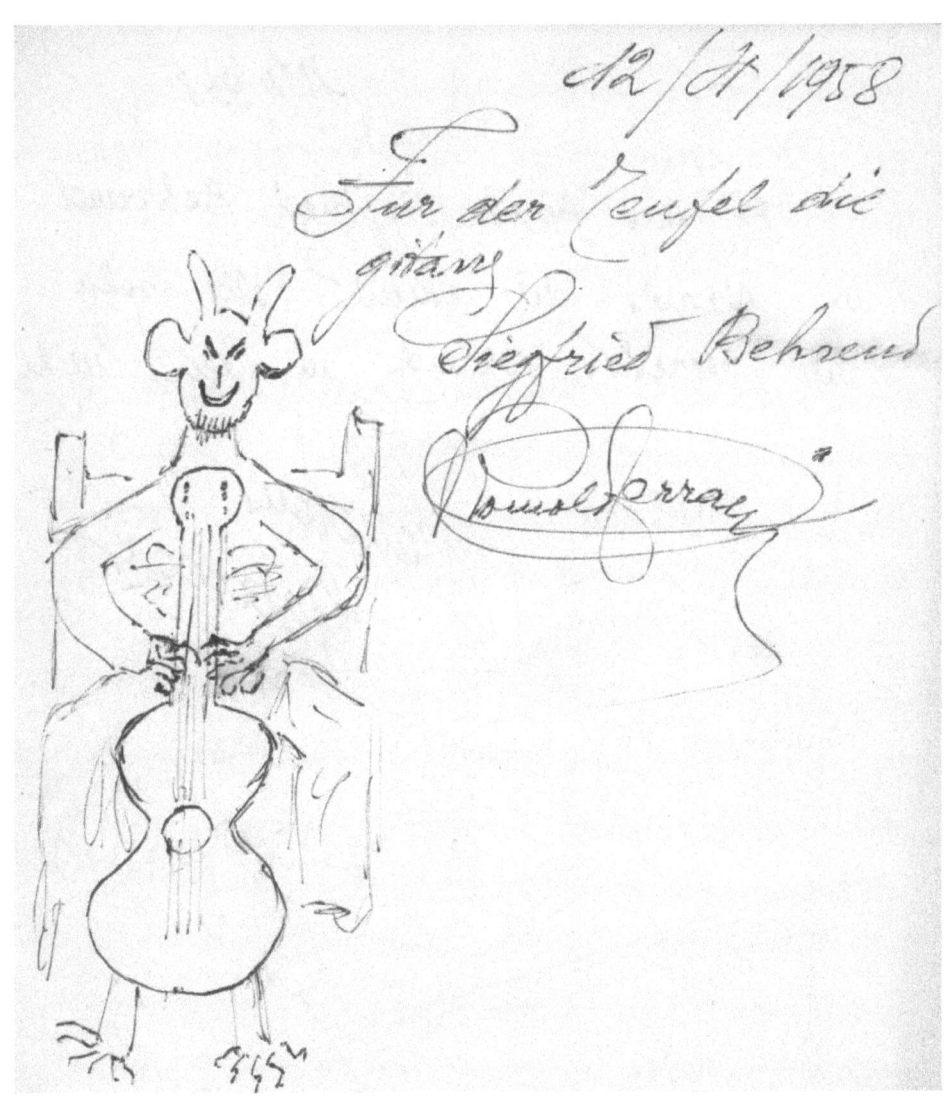

Abb. 93: Romolo Ferrari "Für den Teufel der Gitarre", 1958

Abb. 94: Der passionierte Angler Siegfried Behrend beim Multitasking. "Siegfrieds Angler-
träume"

Markneukirchen, 28. 10. 55.

Kunst und Freiheit
entstammen der Weisheit.

Richard Jacob - Weißgerber.

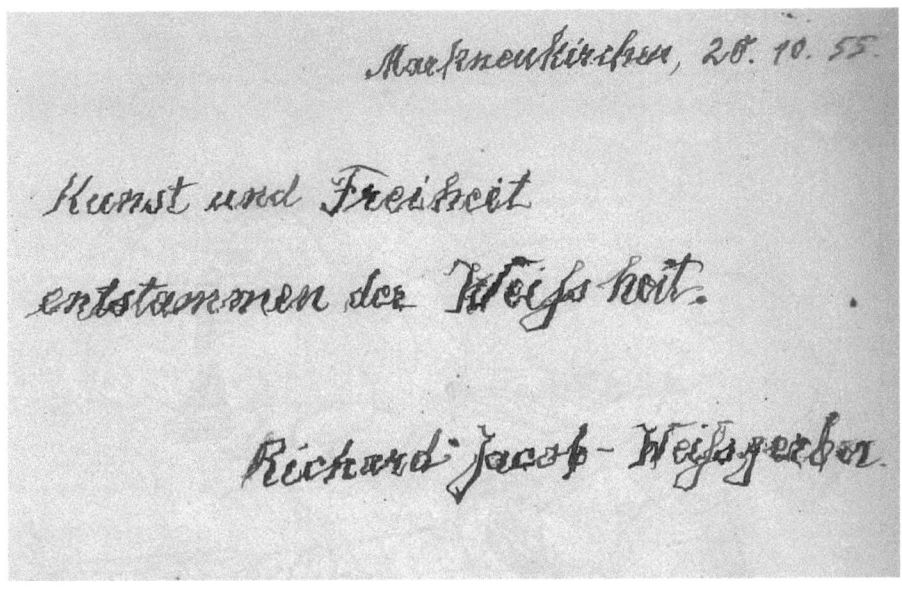

Abb. 95: Richard Jacob – Weißgerber (1877-1960), 1955

Auch der Gitarrenbauer Richard Jacob „Weißgerber“ und sein Sohn Martin trugen sich in das Gästebuch des jungen Gitarristen ein.

Himmel und Erde müssen vergehn,
aber die Musici bleiben bestehn!

Herrn Siegfried Behrend, dem treuen Freund
unserer Werkstätte, stets
ein herzliches Willkommen!

Martin Jacob,
einer, der den Anfang mitmachte

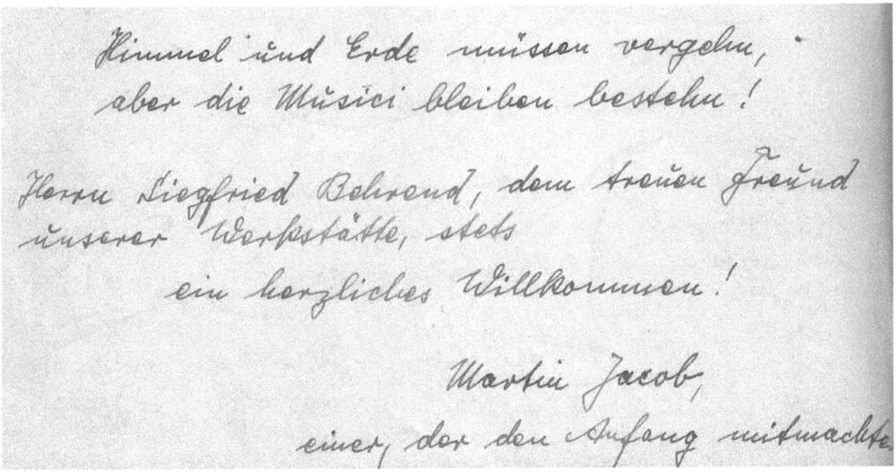

Abb. 96: Martin Jacob (1911-1991) – „einer, der den Anfang mitmachte“. 1955

Abb. 97: Herbert Baumann(*1925)

Der Komponist Herbert Baumann schrieb einige Werke für Gitarre solo sowie für andere „Zupfbesetzungen" für Siegfried Behrend.

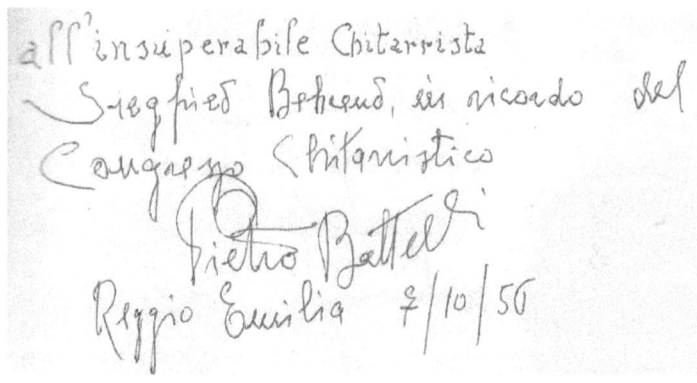

Abb. 98: Pietro Battelli (1912-1992), 1956

Battelli war italienischer Gitarrist und ein sehr guter Freund von Siegfried Behrend. Behrend widmete ihm einige seiner kleinen Kompositionen.

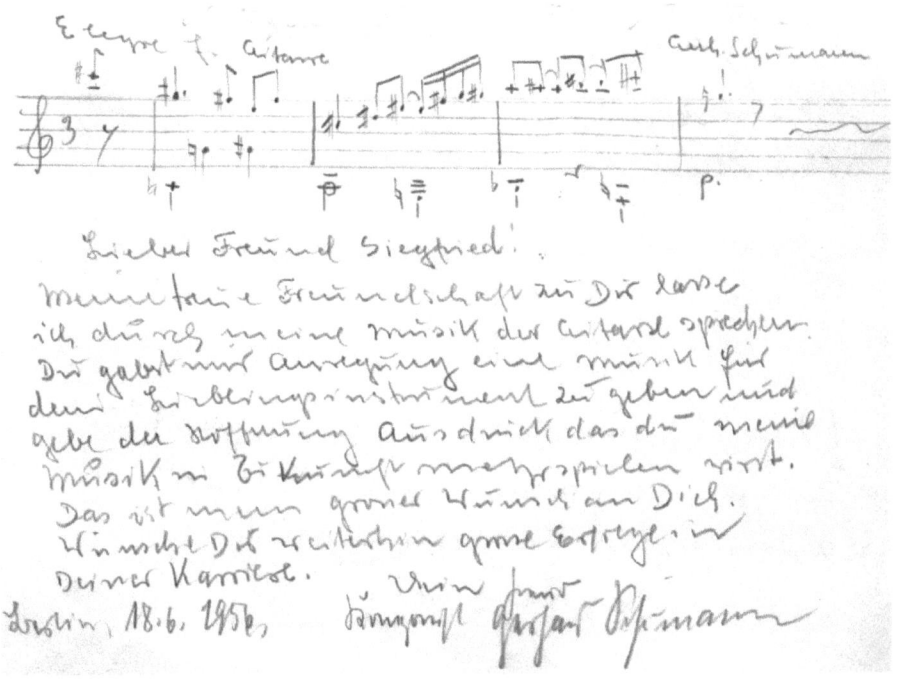

Abb. 99: Gerhard Schumann, 1956

Gerhard Schumann (1914-1976) war ein deutscher Komponist. Ab 1950 wirkte er als Komponist und Kapellmeister in Berlin und leitete dort ab 1954 das *Tonale Kammerorchester*. Behrend veröffentlichte einige Stücke für Konzertgitarre von ihm („Mikrokosmos").

Abb. 100: Freizeit beim Wirt

Diverse Dokumente und Fotos

Abb. 101: Autogrammfoto in der Ästhetik des Existentialismus

Abb. 102: Der passionierte Sammler von Tonaufnahmen, ca. 1965

September

6.	9.	LEIPZIG, Weißer Saal des Zoos
7.	9.	LEIPZIG, Weißer Saal des Zoos
8.	9.	DRESDEN, Kongreßsaal des Hygiene-Museums
9.	9.	MEISSEN, Stadttheater
11.	9.	ERFURT, Schauspielhaus
14.	9.	BERLIN-OST, „Babylon" (Fernseh-Aufzeichnung)
15.	9.	POTSDAM, Haus der Offiziere
21.	9.	BERLIN, Schallplatten-Aufnahmen
22.	9.	
27.	9.	BERGEN/Norwegen (Solo S. Behrend)

Oktober

2.	10.	HANNOVER, Funkhaus NDR
3.	10.	STUTTGART, Liederhalle
4.	10.	MÜNCHEN, Deutsches Museum
5.	10.	MESCHEDE, Franz-Schweitzer-Haus
6.	10.	ESSEN, Städt. Saalbau
7.	10.	BRAUNSCHWEIG, Stadthalle
8.	10.	DÜSSELDORF, Robert-Schumann-Saal
9.	10.	WUPPERTAL, Stadthalle
10.	10.	MÜNCHEN, Herkulessaal (Solo S. Behrend)
11.	10.	BERLIN, Schlesiensaal
12.	10.	BERLIN, Philharmonie (Solo S. Behrend)
13.	10.	ESSEN, Jugendzentrum
14.	10.	GÜTERSLOH, Jugendkulturring
15.	10.	DORTMUND, Fritz-Henßler-Haus
16.	10.	KOBLENZ, Rhein-Mosel-Halle
18.	10.	KARLSRUHE, Stadthalle
20.	10.	KÖLN, Gürzenich
21.	10.	MÖNCHENGLADBACH, Aula des Gymnasiums
22.	10.	BERLIN (17 und 20 Uhr), Uraniahaus
23.	10.	BERLIN (17 Uhr), Ernst-Reuter-Haus
23.	10.	BERLIN (20 Uhr), Jüdisches Gemeindehaus
24.	10.	HAMBURG, Operettenhaus
25.	10.	BREMEN, Glocke
26.	10.	BAD GODESBERG, Stadthalle
27.	10.	MARBURG, Audimax der Universität
28.	10.	BERLIN, Hochschule für Musik
29.	10.	BERLIN (17 und 20 Uhr), Uraniahaus
30.	10.	WIEN, Brahms-Saal (Solo S. Behrend)
31.	10.	FRANKFURT, Kantate-Saal (Solo S. Behrend)

November

1.	11.	NÜRNBERG, Meistersingerhalle
2.	11.	HEIDENHEIM, Ev. Gemeindehaus
3.	11.	MAINZ, Kurfürstliches Schloß
4.	11.	MÜLHEIM, Stadthalle
5.	11.	FRANKFURT, Kantate-Saal (Jüdische Gemeinde)
6.	11.	HENNEF (Solo S. Behrend)
7.	11.	DETMOLD, Stadthalle
8.	11.	HAMBURG, Musikhalle (Solo S. Behrend)
9.	11.	LÜBECK, Kolosseum
10.	11.	KÖLN, Gürzenich (Solo S. Behrend)
11.	11.	LANGENFELD (Solo S. Behrend)
12.	11.	MÜNSTER, Städt. Bühnen
13.	11.	KASSEL, Stadthalle
14.	11.	FRANKFURT, Opernhaus
15.	11.	MÜNCHEN, Herkulessaal
16.	11.	STUTTGART (15 Uhr), Mozartsaal (Solo S. Behrend)
16.	11.	MANNHEIM (20 Uhr), Mozart-Saal
17.	11.	HEIDELBERG, Stadthalle
18.	11.	FREIBURG, Paulussaal
19.	11.	BONN, Ev. Gemeindesaal
20.	11.	NEUSS, Stadthalle
21.	11.	AACHEN, Audimax der TH
22.	11.	KÖLN, Aula der Universität
23.	11.	GÖTTINGEN, Stadthalle
24.	11.	BRAUNSCHWEIG, Stadthalle (Solo S. Behrend)
25.	11.	RECKLINGHAUSEN, Städt. Saalbau
26.	11.	KIEL, Konzertsaal im Schloß
27.	11.	BERLIN, Uraniahaus
28.	11.	WIEN, Konzerthaus
29.	11.	ULM, Kornhaussaal
30.	11.	GIESSEN, Kongreßhalle

Dezember
(Solokonzerte Siegfried Behrend)
7. 12. PARIS, Salle Gaveau
Italien, Griechenland, Cypern, Iran, Pakistan, Ceylon

Januar 1967
(Solokonzerte Siegfried Behrend)
Indien, Thailand, Malaya, Indonesien, Kambodscha, Süd-Vietnam, Philippinen, Hongkong, Südkorea

Februar und März 1967
Japan-Tournee Siegfried Behrend

April 1967
USA-Tournee Siegfried Behrend

Mai 1967
(Solokonzerte Siegfried Behrend)
Senegal, Ghana, Marokko

Tourneeleitung: Konzertdirektion Wolfgang Jänicke
1 Berlin 31, Cicerostr. 13 — Tel. (0311) 887 27 70

Druck: Hans Brechlin, Berlin 36. Fotos: Electrola/Lothar Winkler (5), Siegfried Behrend (3), Electrola/Kappelhoff (1), arani-Verlags-GmbH. Berlin (1)

Abb. 103: Tourneeplan Belina-Behrend 1966/67

Abb. 104: Japan, 1965

Abb. 105: Promotionfoto 1965

154

Abb. 107: Im Jahr 1943 - noch ohne Gitarre

Abb. 106: Afrika 1965

Abb. 108: Zeichnung Martin Lauterlein, 1972

Abb. 109: Neue Musik, 1971. Foto: Shigeru Okada

Abb. 111: Im Fernsehstudio. Foto: S. Pilz

Abb. 110: Probenarbeit mit Klaus Kaufmann, 1979

156

Abb. 112: S. Behrend mit Claudia Behrend und Siegfried Fink, 1972

Abb. 113: Claudia und Siegfried Behrend, 1985

Abb. 114: Probenarbeit 1980

Abb. 115: Claudia und Siegfried
Behrend. 1980

Abb. 116: Gitarre und Ballett, 1980

Abb. 117: Am Schreibtisch
im alten Pfarrhof, 1986

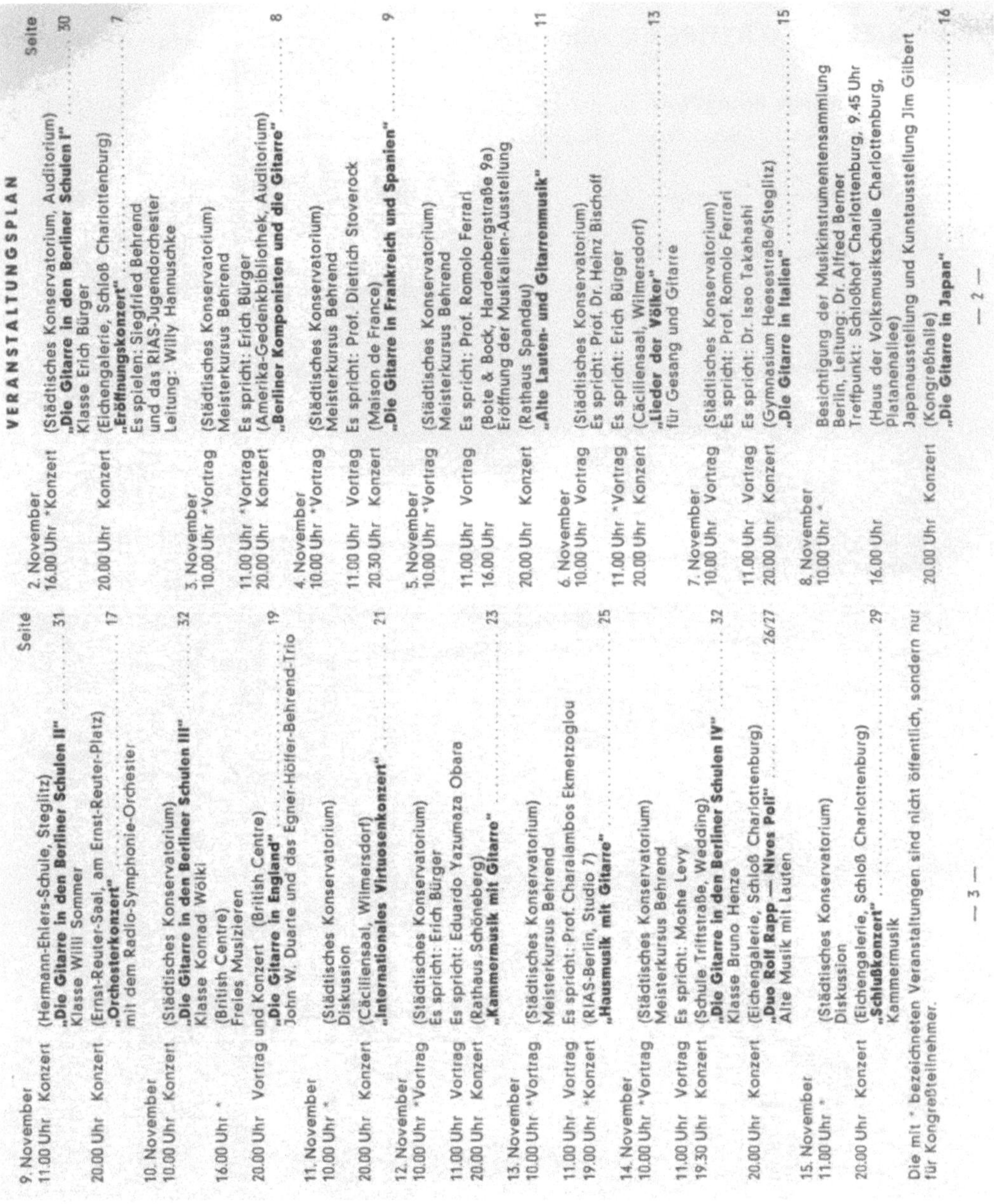

VERANSTALTUNGSPLAN

Seite

2. November
16.00 Uhr Konzert — (Städtisches Konservatorium, Auditorium) „Die Gitarre in den Berliner Schulen I" Klasse Erich Bürger 30
20.00 Uhr Konzert — (Eichengalerie, Schloß Charlottenburg) **„Eröffnungskonzert"** Es spielen: Siegfried Behrend und das RIAS-Jugendorchester Leitung: Willy Hannuschke 7

3. November
10.00 Uhr *Vortrag — (Städtisches Konservatorium) Meisterkursus Behrend 32
11.00 Uhr *Vortrag — (British Centre)
20.00 Uhr Konzert — (Amerika-Gedenkbibliothek, Auditorium) **„Berliner Komponisten und die Gitarre"** Es spricht: Erich Bürger 8

4. November
10.00 Uhr *Vortrag — (Städtisches Konservatorium) Meisterkursus Behrend
11.00 Uhr Vortrag — (Maison de France) Es spricht: Prof. Dietrich Stoverock **„Die Gitarre in Frankreich und Spanien"** 9
20.30 Uhr Konzert

5. November
10.00 Uhr *Vortrag — (Städtisches Konservatorium) Meisterkursus Behrend
11.00 Uhr Vortrag — (Bote & Bock, Hardenbergstraße 9a) Es spricht: Prof. Romolo Ferrari Eröffnung der Musikalien-Ausstellung
16.00 Uhr
20.00 Uhr Konzert — (Rathaus Spandau) **„Alte Lauten- und Gitarrenmusik"** 11

6. November
10.00 Uhr Vortrag — (Städtisches Konservatorium) Es spricht: Prof. Dr. Heinz Bischoff
11.00 Uhr *Vortrag — (Cäciliensaal, Wilmersdorf) **„Lieder der Völker"** für Gesang und Gitarre
20.00 Uhr Konzert — Es spricht: Erich Bürger 13

7. November
10.00 Uhr Vortrag — (Städtisches Konservatorium) Es spricht: Prof. Romolo Ferrari
11.00 Uhr Vortrag — (Gymnasium Heesestraße/Steglitz) Es spricht: Dr. Isao Takahashi **„Die Gitarre in Italien"** 15
20.00 Uhr

8. November
10.00 Uhr * — Besichtigung der Musikinstrumentensammlung Berlin, Leitung: Dr. Alfred Berner Treffpunkt: Schloßhof Charlottenburg, 9.45 Uhr (Haus der Volksmusikschule Charlottenburg, Platanenallee) Japanausstellung und Kunstausstellung Jim Gilbert
16.00 Uhr
20.00 Uhr Konzert — (Kongreßhalle) **„Die Gitarre in Japan"** 16

Seite

9. November
11.00 Uhr Konzert — (Hermann-Ehlers-Schule, Steglitz) **„Die Gitarre in den Berliner Schulen II"** Klasse Willi Sommer 31
20.00 Uhr Konzert — (Ernst-Reuter-Saal, am Ernst-Reuter-Platz) **„Orchesterkonzert"** mit dem Radio-Symphonie-Orchester 17

10. November
10.00 Uhr Konzert — (Städtisches Konservatorium) **„Die Gitarre in den Berliner Schulen III"** Klasse Konrad Wölki 32
16.00 Uhr * — (British Centre) Freies Musizieren
20.00 Uhr Vortrag und Konzert — (British Centre) **„Die Gitarre in England"** John W. Duarte und das Egner-Höffer-Behrend-Trio 19

11. November
10.00 Uhr * — (Städtisches Konservatorium) Diskussion
20.00 Uhr Konzert — (Cäciliensaal, Wilmersdorf) **„Internationales Virtuosenkonzert"** 21

12. November
10.00 Uhr *Vortrag — (Städtisches Konservatorium) Es spricht: Erich Bürger
11.00 Uhr Vortrag — (Rathaus Schöneberg) Es spricht: Eduardo Yazumaza Obara
20.00 Uhr Konzert — **„Kammermusik mit Gitarre"** 23

13. November
10.00 Uhr *Vortrag — (Städtisches Konservatorium) Meisterkursus Behrend
11.00 Uhr Vortrag — (RIAS-Berlin, Studio 7) Es spricht: Prof. Charalambos Ekmetzoglou
19.00 Uhr *Konzert — **„Hausmusik mit Gitarre"** 25

14. November
10.00 Uhr *Vortrag — (Städtisches Konservatorium) Meisterkursus Behrend
11.00 Uhr Vortrag — (Schule Triftstraße, Wedding) **„Die Gitarre in den Berliner Schulen IV"** Klasse Bruno Henze 32
19.30 Uhr Konzert
20.00 Uhr Konzert — (Eichengalerie, Schloß Charlottenburg) **„Duo Rolf Rapp — Nives Poli"** Alte Musik mit Lauten 26/27

15. November
11.00 Uhr * — (Städtisches Konservatorium) Diskussion
20.00 Uhr Konzert — (Eichengalerie, Schloß Charlottenburg) **„Schlußkonzert"** Kammermusik 29

Die mit * bezeichneten Veranstaltungen sind nicht öffentlich, sondern nur für Kongreßteilnehmer.

Abb. 118: Programmheft 20. Gitarristenkongress, November 1958

Siegfried Behrend spielte 13 unterschiedliche Konzerte innerhalb von 14 Tagen.

159

SIEGFRIED BEHREND zählt heute zu den besten Gitarristen der Welt

750 KONZERTE IN EUROPA

Moskau · Helsinki · Roma · Köln · Modena · Nürnberg · Istanbul · Madrid · Berlin · Zürich · Stockholm · Oslo

Milano · Hannover · Barcelona · Halle

Paris · Wien · Linköping · Zaragoza

Belgrad · Göteborg · Stuttgart · Leningrad

Genova · Palma · Athen · Saarbrücken

Ludvika · Gelsenkirchen · Hamburg · Leipzig

Firenze · Jönköping · Halmstad · Heidelberg.

1933 in Berlin geboren, begann er 1949 sein Musikstudium (dirigieren, Komposition, Klavier), das er auf Grund seiner außergewöhnlichen Begabung und seiner hervorragenden Leistungen bereits nach zwei Jahren beenden konnte.
Der Zufall brachte ihn mit der Gitarre zusammen und dank seiner besonderen Veranlagung für dieses Instrument konnte er schon nach zehn Monaten Studium sein erstes Gitarrekonzert geben.
Sein Repertoire umfaßt die gesamte Gitarreliteratur, zuzüglich unzählige eigene Kompositionen und Bearbeitungen.
Er hat allein mehr als 1000 Kompositionen und Bearbeitungen für sein Instrument veröffentlicht.
Siegfried Behrend, der 1958 mit seinen Konzerten in der UdSSR sensationelle Erfolge erzielte, konzertierte wiederholt in allen Musikmetropolen der Welt.
Siegfried Behrend reiste als Botschafter deutscher Musikkultur mit Unterstützung des Auswärtigen Amtes und des Goethe-Institutes.
Seine nächsten Reisen führen ihn nach Afrika, dem Nahen Osten (Januar bis April 1963) und nach Indien, Indonesien, Japan, Canada, USA und Südamerika (Oktober 1963 bis Juni 1964).

150 KONZERTE IN ASIEN

Tokyo · Kabul · Karachi · Osaka · Colombo · Baghdad · Kyoto · Ankara · Cairo · Schiraz · Teheran · Hongkong

Taschkent · Alexandrien · Manila · Fukuoka · Bangkok · Calcutta · Akita · Madras · Saigon · Bombay · Beirut

Bangalore · Jerusalem · Samsun · Damaskus · Amman · Kandy · Stalinabad · Singapore · Frunse · Djakarta

Hieroshima · Medan · Alma Ata · Sendei

Surabaya · Poona · Eskeshehir · Nagoya

Kirklareli · Gifu · Solo · Yokohama

Gelibolou · Takasaki · Kirrikale.

Die Weltpresse schreibt:

NEW YORK: Behrend ist ein brillanter, aufregender Musiker.
BERLIN: Behrend, ein unübertrefflicher Meister der Gitarre.
MOSKAU: Behrend ist ein brillanter Musiker von größter Qualität.
TOKYO: Behrend ist der beste Gitarrist der Welt.
ROM: Der beste Gitarrist: Siegfried Behrend.
MADRID: Behrend, der größte Künstler seiner Fakultät.

100 KONZERTE IN DEN AMERIKAS

New York · Bogota · Recife · Seattle · La Paz · Curitiba · Boston · Rio · Toronto · Quito · Cleveland · Sao Paulo

Chicago · Caracas · Manizales · Cali

Kansas City · Port au Prince · Milwaukee

Ciudad Bolivar · Guayaquil · Porto Alegre

New Orleans · Cochabamba · Medellin

Salvador · Buenos Aires · Washington

Ibaque · Kent · Santa Marta · Moses Lake

Lima.

ARGUMENTE: wie: Der Klang der Gitarre füllt nicht den Raum, oder: Es gibt keine wirklich guten Gitarrespieler, sind kennzeichnend für die weitverbreitete Unterschätzung des konzertanten Gitarrespiels.
In Wahrheit ist die Gitarre ein ausgesprochenes Konzertinstrument, dessen vollendete Beherrschung wegen seines komplizierten Greifsystems allerdings äußerst schwierig und daher selten ist.
BEETHOVEN sagte: „Wenn ein Instrument das Orchester im Kleinen nachzuahmen imstande ist ist dann ist es nur die Gitarre."
MAX REGER sagte: „Es wäre besser, es gäbe einige Pianisten weniger und einige Gitarristen mehr."
BERLIOZ der selbst die Gitarre spielte sagte: „Die Gitarre ist ein kleines Orchester."
DEBUSSY sagte: „Die Gitarre ist das schönste Instrument, leider sehr schwer zu spielen."

Pressestimmen:

BERLIN 1953 „Die Kunst der Gitarre und das Meisterspiel des Solisten Behrend in ungewöhnlich anspruchsvoller Form kennenzulernen, sollte niemand versäumen."

TORINO 1956 „Paganini della Chitarra."

ISTANBUL 1956 „Der Satan der Gitarre."

MOSKAU 1958 „Behrends Besuch in unserer Sowjet-Union war ein Geschenk. Nicht nur weil wir in ihm einen brillanten Musiker von größter Qualität kennengelernt haben, sondern auch weil Behrend unsere Musiker zur weiteren Entwicklung des Gitarrespiels in unserem Lande angeregt hat."

NEW YORK „The New York Herald Tribune" am 6. April 1961
HERR BEHREND IST EIN BRILLANTER, AUFREGENDER MUSIKER. Seine Dynamik reicht vom feinsten Pianissimo zum stärksten Forte und zu ungeahnter Klangfülle. Behrend benutzt die verschiedenen Klangfarben seines Instrumentes so intelligent, daß auch das spröödeste Stück Musik zu einem Meisterwerk wird.

ROM „Il Paese" am 25. April 1961
DER BESTE GITARRIST: SIEGFRIED BEHREND! L. P.

MADRID „Discofilia" Nr. 55
SIEGFRIED BEHREND, der größte Künstler seiner Fakultät, spielt mit einer reinen Technik und einem bemerkenswert guten musikalischen Geschmack.

TOKYO „Asahi Shimbun" am 12. Dezember 1960
SEGOVIA ist der König der Gitarre des 19. Jahrhunderts. BREAM wahrscheinlich der beste Gitarrist in England. YEPES ist ein guter Gitarrist aus Spanien.
Siegfried Behrend aber ist der beste Gitarrist der Welt. Er macht wirklich Musik auf der Gitarre.

„Record music magazine" Februar 1961
Prof. Kanno schreibt: Der deutsche Gitarrist Siegfried Behrend hat nicht nur mehr Popularität als der Spanier Segovia, Behrend hat alle Gitarristen zu kultivierten Volksmusikern degradiert. Seine Musikalität und sein guter Geschmack sind zu bewundern.

SEATTLE „The Seattle Times" am 18. Januar 1961
In Behrends Händen hat die Gitarre tausend Klänge.

QUITO „El Comercio" am 5. März 1961
SIEGFRIED BEHREND ist der beste Gitarrist unserer Zeit.

BOGOTA „La Republica" am 11. März 1961
Siegfried Behrend wurde triumphal gefeiert. Er ist heute der größte Meister der schweren Kunst des Gitarrespiels.

KANSAS CITY „The Kansas City Times" am 20. März
Behrend spielte. Das Publikum stürmte das Playhouse.

CLEVELAND „The Cleveland Press" am 28. März
Deutscher Gitarrist überzeugte die Zuhörer. Die Kritik sagt: Behrend ist ein Gitarrist von höchstem Rang.

GUAYAQUIL „El Universo" am 7. März 1961
Der welberühmte Gitarrist, Siegfried Behrend, hatte triumphalen Erfolg.

BOGOTA „El siglo" schrieb am 13. März
SIEGFRIED BEHREND WURDE IN ALLEN STÄDTEN UNSERES LANDES TRIUMPHAL GEFEIERT.

MEDELLIN „El Colombiano" schrieb am 1. März
EIN GENIALER GITARRIST.
Vor Jahren hörten wir Segovia, als er auf der Höhe seines Könnens war. Jetzt hörten wir Siegfried Behrend, ein genialer Gitarrist, der erstmalig die Gitarre adelte. Wir hörten Musik wie nie zuvor.

MANIZALES „La Patria" am 14. März 1961
Manizales war hell begeistert von dem außerordentlichen Talent des jungen Meisters Siegfried Behrend.

OSAKA „Asahi Evening" am 14. Dezember 1960
BEHREND BEZAUBERTE OSAKAS PUBLIKUM.
Noch nie war unser Publikum so begeistert von einem Künstler wie von diesem jungen deutschen Gitarremeister Siegfried Behrend.

SAIGON „Le Journal d'extreme orient" am 6. Dezember 1960
M. S. Behrend ist der Meister der Gitarre unserer Zeit.

COLOMBO „The Ceylon Observer" am 7. Dezember 1960
Ich hatte das Glück Siegfried Behrend zu hören, einen der besten Gitarristen der Welt.

„Sunday Times of Ceylon" am 4. Dezember 1960
Das Publikum war so begeistert von diesem großen Künstler, daß es nach jedem Stück minutenlang applaudierte. In den Händen eines solchen Künstlers wird die Gitarre ein Instrument von fast unbegrenzter Ausdruckskraft. Ich kenne kein anderes Musikinstrument, das so viele verschiedene Klangfarben erzeugen kann.

ALEXANDRIEN „La Reforme" am 21. November 1960
Fast die ganze Stadt kam, um diesen weltbekannten Gitarristen Siegfried Behrend zu hören. Es mußten Stühle herbeigeschafft werden, um das ganze Volk unterzubringen. Es ist unglaublich, daß eine Gitarre so gut klingen kann.

KAIRO „Radio monde" am 19. November 1960
Das zahlreiche Publikum brachte dem Künstler temperamentvolle Ovationen.

ROM „Il Giornale d'Italia" am 26. April 1961
Der Gitarrist Siegfried Behrend ist ein Künstler von ganz seltenem Wert. Ein hervorragender Instrumentalist, ausgestattet mit einer perfekten Technik.

CAGLIARI „L'Unione sarda" am 27. April 1961
Der tüchtige Virtuose, Siegfried Behrend, spielte meisterhaft die Gitarre. Ein musikalischer Abend von unvorhergesehenem Reiz.

GENOVA „Il secolo XIX" am 5. Mai 1961
Siegfried Behrend bot dem zahlreich erschienenen Publikum ein Konzert mit einem raffinierten Programm. Der Erfolg war „vivissimo" und viel Applaus nach jeder einzelnen Komposition.

Abb. 119: aus einer Promotionschrift der 1960er Jahre

161

Abb. 120: Das letzte Foto, September 1990, wenige Tage vor seinem Tod

Anhang

Veröffentlichte Kompositionen von Siegfried Behrend
Titel, Verlag, Kompositionsjahr, Erscheinungsjahr, Widmung

1. Werke für Gitarre solo				
Titel	**Verlag**	**Komp.-Jahr**	**Veröff.-Jahr**	**Widmung**
6 monodien	Z	1974		6 verschiedene Widmungen
Abendmusik	Z		1991	
Air del sacro monte	B&B	1968		
Aires regionales espanolas	S	vor 1969		
Alborada	B&B		1956	Herbert Haubenreißer
Albumblatt	Z	1960		für meinen Vater Karl
Altrussische Volksweisen für Gitarre	Sik.	1965		
Bayerische Hochzeitsmusik	To.	1988	1988	Gabi und Helmut Richter
Burgalesa	Sik.		1965	
Danza Africana	Be	1970	1970	Lalla e Massimo
Danza Beduina	Be	1969	1969	Bio Boccosi
Danza Giapponese	Be	1970	1970	Bruno Tonazzi
Danza Greca	Be	1970	1970	Gerassimos Miliaressis
Danza Inglese	Be	1970	1970	Wladimir Slawski
Danza mora	B&B		1958	Maria
Danza spagnola	F.		1957	Helga e Maria
Danza Spagnola N. 1	Be	1968	1969	Iwanow Kramskoy
Danza Spagnola N. 2	Be	1968	1969	Jiri Knobloch
Danza Spagnola N. 3	Be	1968	1969	Philip Read
Danza Tedesca	Be	1970	1970	Tadashi Sasaki
Danza Turca	Be	1970	1970	Takashi Tsunoda
Deutsche Volkstänze	Pr.		1968	
Die Gitarren von Quimet	Z		1980	
Die Gitarrenschule für Anfänger	Sik.		n.V.	
Drei deutsche Tänze mit Nachspiel	Pr.	1986	1986	Fam. von Kerßenbrock-Krosigk
Drei spanische Tänze	Z		1969	Takahashi
Dresdner Richter –Suite	To.	1988	1989	Helmut Richter
Due pezzi per Jim	B&B		1958	
Estudio Italiano	Ra.			Pietro Battelli
Etüde	Ho.		1962	

Titel	Verlag	Komp.-Jahr	Veröff.-Jahr	Widmung
Fantasia a sei corde	B&B	1953	1965	
Fantasia Malaguenita	WH		1966	Tor Pulkis
Fantasie über Greensleeves	B&B		1969	
Flamenco – Fantasia	B&B		1957	Isao Takahashi
Gitarre mein Hobby - Heft 1	Z		n.V.	
Gitarre mein Hobby - Heft 2	Z		n.V.	
Granadina de la Rambla	WH		1966	
Impressionen einer spanischen Reise 1	Sik.		1957	
Impressionen einer spanischen Reise 2	Sik.		1957	Irkin Aktüze
Impressionen einer spanischen Reise 3	Sik.		1957	Irkin Aktüze
Impressionen einer spanischen Reise 4	Sik.		1957	Irkin Aktüze
Kinderstücke für Gitarre Heft 1	EM		1975	
Kinderstücke für Gitarre Heft 2	EM		1975	
Kinderstücke für Gitarre Heft 3	EM		1975	
Mittelalterliche Tänze	Pr.		1968	
Movimenti	UE	1969	1972	
Non te escaparas	B&B		1957	Mirko Caffagni
Piräus – Sirtaki	Sik.		1964	
Porque fue sensibile	B&B		1957	Romolo Ferrari
Postkartensuite Nr. 1	Z		1975	7 verschiedene Widmungen
Preludio de Andaluz	B&B		1968	
Rhythmische Studien Heft 1	Z	1974	1975	
Rhythmische Studien Heft 2	Z	1975	1976	
Sevillanas	B&B		1957	
Solearillas	ME		1969	
Solo für Leo Brouwer	Z	1987		
Sonatine nach jap. Volksliedern	Sik.		1966	Iwao Takamine
Spanische Skizzen	Pr.		1968	Josef Preissler
Spielmusik für angehende Gitarristen 1	Pr.		n.V.	
Spielmusik für angehende Gitarristen 2	Pr.		n.V.	
Spielmusik für ang. Gitarristen 3	Pr.		n.V.	

Titel	Verlag	Komp.-Jahr	Veröff.-Jahr	Widmung
Suite für Isao Takahashi	B&B	1961	1965	
Suite nach alter Lautenmusik	B&B		1957	
Tarantella Italiana	Z		1980	
Taubenberg – Suite	eigen	1988	1988	Liserl Maurer
Tonleiterstudien für Gitarre	Sik.		n.V.	
Traditional Brunei	Z	1982	1985	Ursula und Ian Harris
Trianas	B&B		1957	Pietro Battelli
Troika	S	vor 1969		
Übungen von A – Z	Pr.		1976	
Volksw. der Welt I	Z		1964	
Volksw. der Welt II	Z		1964	
Volksw. der Welt III	Z		1967	
Zambrillas – Solearillas	ME		1969	Rieder, Inge et Dagmar
Zorongo para Murao	WH		1966	Murao Sugita
Zwei altdeutsche Tänze	S	vor 1969		
Zwei Duette aus dem 16. Jhd.	No			
Zwei Miniaturen Can Aybars icin	Ra.			
Zwei Stücke	Hla		1954	

2. Kammermusik mit Gitarre

Titel	Verlag	Komp.-Jahr	Veröff.-Jahr	Widmung
Scherzoso	EC		1956	Erika
Conserere - in Memoriam A. Segovia	Z	1987	1987	
Haiku – Suite	Z	1975	1976	Duo Thieme-Koch
Triptychon	Z	1970	1971	Naoko
Triptychon	Z	1970	1971	
Legnaniana	Z			Naoko und Norio Oshima
Araba	Tr.	1976	1978	
Serenade	J		1978	Takashi Ochi
ZU – MA - GI - TON II	Z	1968	1969	
Spielmusik	Z	1952	1979	Paul Hindemith
Suite nach altengl.Meistern	Sik.		1956	
Harlekin und Columbine				
Konzert nach einer Sonate von Vivaldi	Sik.		1956	

3. Gitarre und Singstimme

Titel	Verlag	Komp.-Jahr	Veröff.-Jahr	Widmung
35 Lieder u. Chan-cons n. Masch Kaleko	G.		1988	
Altitalienische Arien	Sik.		1964	
Bergerettes	Sik.		1961	
Es brennt - Lieder aus dem Ghetto	Sik.		1967	
Fünf altjapanische Geishalieder	Sik.		1967	
Impressionen einer spanischen Reise 6	Sik.		1958	Eva – Maria
Internationale Volkslieder 1	Sik.		1964	
Internationale Volkslieder 2	Sik.		1965	Belina
Internationale Volkslieder 3	Sik.		1970	Belina
Jiddische Hochzeit	WH		1970	
Jiddische Lieder	Sik.		1967	
Lasst mich leben - neue jiddische Lieder	Sik.		1972	Belina
Lieder der Völker - 1	Z		1963	Belina
Lieder der Völker - 2	Z		1965	Belina
Lieder der Völker - 3	Z		1966	
Lieder der Völker - 4	Z		1968	Edith Zimmermann
Lieder der Völker - 5	Z		1968	Belina
Suite nach altpolnischen Melodien	B&B		1968	Belina
Tschechoslowakische Suite	WH		1970	
Vier altfranzösische Volkslieder	Sik.		1957	
Volkslieder aus aller Welt – Amerika	B&B		1958	
Volkslieder aus aller Welt – Balkan	B&B		1970	
Volkslieder aus aller Welt – Deutschland	B&B		1958	
Volkslieder aus aller Welt – England	B&B		1958	
Volkslieder aus aller Welt – Frankreich	B&B		1958	
Volkslieder aus aller Welt – Griechenland	B&B		1958	

Volkslieder aus aller Welt – Indonesien	B&B		1970	
Volkslieder aus aller Welt - Italien	B&B		1958	
Volkslieder aus aller Welt - Japan	B&B			
Volkslieder aus aller Welt - Jiddish/Israel	B&B	n.V		
Volkslieder aus aller Welt - Philippinen	B&B			
Volkslieder aus aller Welt - Polen/Lettland	B&B		1958	
Volkslieder aus aller Welt - Russland	B&B		1964	
Volkslieder aus aller Welt - Span./Port.	B&B		1958	
Volkslieder aus aller Welt - Türkei	B&B		1958	
Wiegenlieder der Welt	Z		1972	
YO LO VI - Szenen nach F. de Goya	EM	1959		
Elslein, liebes Elselein	eigen			
Kleine Hochzeitskantate	Z	1987	1988	Hartmut Kohlen und Imogen Reis
Weihnachtsge-schichte	Z	1972		Cornelia und Imogen
Lamento	EM	1970	1971	Norio Oshima
Xenographie	Sim	1969	1973	Claudia
Die Geschichte von O - Cho San	Z	1972	1978	Claudia

4. Gitarrenduo

Titel	Verlag	Komp.-Jahr	Veröff.-Jahr	Widmung
6 Etüden	Fr	1953	1959	Jim und John zum üben
Arabische Serenade	Sik.		1964	Manuel
Drei Duos	Sik.	1960	1964	Paula und Mirko
Duo Tedesco	eigen	1988	1988	Barbara und Eugene Hölzer
Impressionen einer spanischen Reise 5	Sik.		1957	Irkin Aktüze
Japanische Serenade	Sik.	1958	1964	
Jota aragonesa	Sik.		1964	Stephen und Mario
Leipziger Suite	Z	1952	1977	Leipziger Gitarrenduo
Scena andaluza	Sik.		1964	Moshe Levy
Serenata espanola	Sik.	1956	1963	Helga
Stierkampfmusik	Z	1951	1976	Maja
Zwei spanische Tänze	G.		1989	Duo Tedesco
Trimorphia	Z	1987	1987	
Estudio	R&E		1958	Gitarrentrio Leipzig
Malaguena	Sik.	1990	1990	
Solo für Hackbrett und Continuo	Pr.	1977	1977	Karl-Heinz Schickhaus

5. Werke für Zupforchester

Titel	Verlag	Komp.-Jahr	Veröff.-Jahr	Widmung
Barriera	Ra.			
Bayerische Hochzeitsmusik	To.		1987	Gifu Mandolinorchester
Betrachtungen ü. eine Pavane v. L. Milan	Ra.		1964	
Betrachtungen über einen altspan.Tanz	Ra.		1964	Saarländisches Zupforchester
Betrachtungen über Greensleeves	Tr.			
Betrachtungen ü. Insbruck, ich muß...	Tr.		1984	
Bulgarischer Hirtentanz	Tr.			
Conga	Tr.	1970	1970	
Drei Peuerltänze	Tr.		1977	
DZO – Erkennungsmusik	Son,	1988	1988	DZO – Kammerorchester
Elisabethanische Tänze	Tr.			

Englischer Bauerntanz	J		1969	das Deutsche Zupforchester
Figuration	Tr.	1965		Leo Clambour
Florentiner Hochzeitstänze	Tr.			
Galante Suite	To.	1989		Imabari Mandolin Club
Japanische Impressionen	Tr.			
Kommutation I	Ge	1970	1972	
Rumba catalan	Tr.			Mand. Orch. Bonn – Oberkassel
Sakaburian	To.		1989	
Serenata espagnola	Ra.			Helga
Spanische Ouvertüre	Ra.			
Stierkampfmusik	Z		1976	
Suite nach jap. Kinderliedern	Tr.			
Tegernsee – Suite	Tr.		1987	Imabari Mand. – Club
Vier französische Tänze	J		1967	
Vier japanische Volkslieder	Z		1987	
ZU - MA - GI - TON	eigen			
Zwei Lieder	Tr.			
Indonesische Miniaturen	Tr.			
Altitalienische Hofmusik	Ge		1966	
Epitaph für Norio Oshima	Ge	1970	1971	Norio Oshima
Serenade Tamatea	To.	1978	1982	Australian Mand. Orchester
Concertino A-dur	Ra.		1962	
Konzert	Tr.			Saarländisches Zupforchester
Soriana	To.	1987	1987	Class. Mand. Soc. of America
Spanische Impressionen	Z	1982	1983	Michael Tröster u.Badisches ZO
Spanisches Konzert	Z	1983	1983	Michael Tröster und dem DZO
Variationen über La Folia	Ra.			

5. Zupforcherster mit anderen Instrumenten

Titel	Verlag	Komp.-Jahr	Veröff.-Jahr	Widmung
Serenade	J.		1967	Leo Clambour
Vier japanische Volkslieder	Z		1987	
Concerto in D	Tr.			
Figuration II	Tr.	1970	1971	Adolf Mößner
Konzert C-dur	Tr.			

Titel	Verlag	Komp.-Jahr	Veröff.-Jahr	Widmung
Indonesische Miniaturen	Tr.			
Ballett-Suite	Ra.		1964	Saarländisches Zupforchester
Konzert für Gitarre und Zupforchester	Ra.			
Konzert G-dur für Mandoline und ZO	Ra.		1963	
Der Sonnengesang	Z		1990	
Sidi Bou Said	Tr.	1972	1972	
Campioniana	Tr.		1973	
Ode auf Anuradhapura	Po		1966	
Sakura - Suite	Z		1986	DZO und seinen Solisten
Posthornklänge - Fassung 1986	Pr.	1986	1984	
Requiem auf Hiroshima	G	1970	1976	Dr. Hisao Hoh

6. Andere Besetzungen

Titel	Verlag	Komp.-Jahr	Veröff.-Jahr	Widmung
Variationen für 4 oder 5 Zithern	Tr. (?)	1987		
Contrasti stumentale	G	1969	1969	Bundesmusikfest Hannover 1969
Solo per voce	Z	1973	1974	Claudia
Meditation	Z	1977	1978	Mock – Familie
Tonig	Pr.	1976		Toni Gößwein
Wallburger Nachtstück	Pr.	1987		Klaus Waldburg
Kolometrie	Z	1968	1969	Takashi Ochi
ZU - MA - GI - TON III	Z			
Drei Mementos	Z	1976	1977	Silvia und Takashi Ochi
Invention	Z	1952	1977	Elisabeth und Jorgo Chartofilax
Hildebrandlied	Son	1988	1988	

Verlage:

Z = Zimmermann, B&B = Bote & Bock, S = Sirius, Sik = Sikorski, Be = Ed. Berben, F = Forlivesi, P = Preissler, T = Tonos, R = Ragotzky, H = Hofmeister, WH = Ed. Wilhelm Hansen, EM = Ed. Melodie, UE = Universal Edition, Tr. = Trekel, ME = Max Eschig, EM= Edition Modern, EC = Ed. Cosmopolitan, J = Otto Junne, G = Gabriel, Sim = Simrock, Po = Polyphon, Son = Sonoton, Ge = Gerig, R&E = Ries&Erler, eigen = Selbstverlag S.B., Fr. = Framus, Hla = Hladky, No = Noetzel.

Literaturauswahl angewandte Stimme und Gitarre

Komponist	Titel	Verlag
Ambrosius, Hermann	Die wilden Schwäne (nach H.C. Andersen) (1980)	
Behrend, Siegfried	Solo per voce (angewandte Stimme) (1973)	Zimmermann
Behrend, Siegfried	Weihnachtsgeschichte (1972)	Zimmermann
Behrend, Siegfried	Trimorphia (2 Gitarren) (1987)	Zimmermann
Behrend, Siegfried	Die Geschichte von O-Cho-San (+ Tonband) (1972)	Zimmermann
Bresgen, Cesar	Von Wäldern und Zigeunern nach Texten von H.C. Artmann (1980)	Tonos
Bussoti, Sylvano	Ultima rara ? (1969)	Ricordi
Carulli, Ferdinando	Nice und Fileno (ca. 1810)	Zimmermann
Carulli, Ferdinando	Die Eroberung von Algier (ca. 1830)	Zimmermann
Castelnuovo– Tedesco, Mario	Platero Y Yo (1960)	Ricordi
Castelnuovo-Tedesco, Mario	Der Diwan des Moses – Ibn – Ezra op. 207	Ricordi
Fink, Siegfried	Tangents CSB (ca. 1970)	Zimmermann
Hornung, Horst	o dream o dreaming (1969)	Ricordi
Richter, Helmut	Was ist die Nacht nach Bildgedichten von Rolf Dieter Brinkmann (1979)	MS
Stahmer, Klaus H.	Canti della vita (Text : Eugenio Montale) (1980)	
Wüsthoff, Klaus	Laute zur Gitarre (1980)	MS
Yun, Isang	Gagok (1972)	Bote & Bock

B   Literaturauswahl : angewandte Stimme und Ensemble

Komponist	Titel	Besetzung	Verlag
Behrend, Siegfried	Das Geschenk der Feenkö-nigin (1982)	ZO	Breitkopf u. Härtel
Behrend, Siegfried	Die Geschichte von O-CHO-SAN (1969)	ZO + Tonband	Zimmermann
Behrend, Siegfried	Lamento (1970)	Git, Fl.	ed. modern
Behrend, Siegfried	Xenographie (1969)	Git., Perc.	Simrock
Behrend, Siegfried	Der Sonnengesang	ZO	Zimmermann
Behrend, Siegfried	Hildebrandlied (1988)	Kammerens.	Sonoton
Braun, Günter	Vom kleinen Lommel (1966)	ZO	Trekel
Hashagen, Klaus	Pergiton	Git. + Perc.	Zimmermann
Klug, Hartmut	Von der himmlischen Musik	ZO	Trekel
Logothetis, Anestis	Anastasis (1969)	ZO	Ricordi

C Diskographie : angewandte Stimme und Gitarre bzw. Zupforchester (Auswahl)

Tonträger	Titel mit Beteiligung der angew. Stimme	Verlag
Chitarra Italiana S. Behrend, Gitarre	Bussotti : Ultima rara ?	DGG 2530 561
Claudia's Märchen Das Deutsche Zupforchester Ltg.: S. Behrend	Braun : Vom kleinen Lommel , Behrend : Das Geschenk der Feenkönigin, Die Ge- schichte von O-CHO-SAN	Infocenter Zupfmu- sik GMP 10350
Ensemble Nunc	Yun : Gagok	Signum SIG X61-00
Gitarre und Percussion S. Behrend, Gitarre, S. Fink, Perc.	K. Hashagen : Pergito IV S. Behrend : Xenographie	DGG 2530 034

Tonträger	Titel mit Beteiligung der angew. Stimme	Verlag
Konzertante Musik des 20. Jhd. DZO- Kammerorchester Ltg.: S. Behrend	Stahmer : Flute Notes from a Reedy Pound, Behrend : Hildebrandslied Hashagen : Pergiton V	ProViva ISPV 156 CD
Platero and I Andres Segovia, Gitarre	Castelnuovo-Tedesco : Platero Y YO	ITM 950012
Requiem auf Hiroshima DZO – Kammerorch. Ltg.: S. Behrend	Behrend : Requiem auf Hiroshima	Thorofon CTH 2026
Siegfried Behrend in memoriam	Yun : Gagok , Behrend : Sonnengesang Bussotti ; ultima rara	Thorofon CTH 2201/2
Siegfried Behrend und seine Freunde DZO – Kammerorch. Ltg.: S. Behrend	Behrend : Der Sonnengesang	Thorofon CTH 2070
Terremoto con variazioni Michael Tröster, Gitarre, Claudia Brodzinska- Behrend, Stimme	Carulli : Nice und Fileno	Thorofon CTH 2205

172

Werke, die für SB geschrieben wurden

Komponist	Vorname	Titel	Verlag	Besetzung	Ersch.-J.
Ambrosius	Hermann	Präludium	Sirius	Gitarre solo	
Aydintan	Ziya	Bir ses cagiriyor Beni	Ragotzky	Gitarre solo	1960
Bast	Wolfgang	Passionata	Trekel	Zupforchester und Flöte	
Baumann	Herbert	Duetto concertante	Bote und Bock	Gitarre und Blockflöte	1958
Baumann	Herbert	Contrasti	Sikorski	Gitarre und Kammerchor	
Baumann	Herbert	Fantasia über "Es geht eine dunkle Wolk.."	Bote und Bock	Gitarre solo	1970
Baumann	Herbert	Sonatine über finnische Volkslieder	Zimmermann	Gitarre, Oboe, Fagott	1971
Baumann	Herbert	Die Moritat vom eigensinnigen Eheweibe	Bote und Bock	Gitarre und Chor	1969 o. W.
Baumann	Herbert	Andalusische Serenade für 2 Gitarren	Trekel	2 Gitarren	
Becker	Günter	Methathesis	Zimmermann	Gitarre solo	1966
Becker	Günter	Con buen ayre - Duplum	Zimmermann	Gitarre + Flöte	
Benguerel	Xavier	Versus (1974)	Zimmermann	Gitarre solo	1973
Benguerel	Xavier	Intento a Dos	Zimmermann	Gitarre + Perc.	1971
Braun	Günter	Sonatine	Zimmermann	Gitarre und Oboe	
Braun	Günter	Serie	Zimmermann	Gitarre und Schlagwerk	1965
Bresgen	Cesar	Von Wäldern und Zigeunern	Tonos	Gitarre und Sprechgesang	1983 o. W.
Bresgen	Cesar	Tschechoslowakische Suite	Hansen	Gitarre + Singstimme	
Bussotti	Sylvano	Ultima rara	Ricordi	Gitarre + Sprechstimme	1970
Castelnuovo-Tedesco	Mario	Rondel über den Namen Siegfried Behrend	Bote und Bock	Gitarre solo	1957
Castelnuovo-Tedesco	Mario	Romancero Gitano	Bote und Bock	Gitarre und Chor	
Coenen	Paul	Kleine Suite op. 61	Sikorski	Gitarrenduo	1964
Erdmann	Veit	2 Arabeskan in memoriam S. B.		Gitarre solo	1990
Fink	Siegfried	Tangents CSB	Zimmermann	Gitarre + Stimme	1976

Komponist	Vorname	Titel	Verlag	Besetzung	Ersch.-J.
Fink	Siegfried	Dialoge	Zimmermann	Gitarre + Perc.	1969
Gaitis	Friedrich	Vier Stücke	Sikorski	Gitarrenduo	1964
Grimm	Friedrich Karl	Intermezzo d'aragon	Kreyssig	Gitarre solo	1954
Grimm	Friedrich Karl	Etude elegiaque	Zimmermann	Gitarre solo	
Hartig	Heinz Friedrich	Perché	Bote und Bock	Gitarre und Chor	1958
Hartig	Heinz Friedrich	Fünf Stücke	Bote und Bock	Gitarre und Blockflöte	1958
Hartig	Heinz Friedrich	Drei Stücke für Gitarre op. 28	Bote und Bock	Gitarre solo	1957
Hartig	Heinz Friedrich	Concertante Suite op. 19	Bote und Bock	Gitarre und Orchester	1958
Hartig	Heinz Friedrich	Gitarresolo	Novello	Gitarre solo	1972
Hartig	Heinz Friedrich	Movimenti		Zupforch. u. Schlagzeug	1968 o. W.
Höffer	Paul	Sonatine für Blockflöte und Gitarre	?	Gitarre und Blockflöte	ca. 1954
Hashagen	Klaus	Synchromie			o. W.
Hashagen	Klaus	Pergiton IV	Zimmermann	Gitarre + Perc.	1970
Hubenstock-Ramati	Roman	The Moon is still blue	MS	frei	??
Henze	Bruno	6 Volkstänze	Ries & Erler	Gitarrentrio	1960
Heider	Werner	Edition		Zupforchester	1976 o. W.
Hornung	Horst	O dream o dreaming	Ricordi	Gitarre + Sprechstimme	1970
Kagel	Mauritius	Musi		Zupforchester	1971 o. W.
Koptagel	Yüksel	Fosil Süiti	Bote und Bock	Gitarre solo	1958
Linke	Norbert	Konzertstücke	Zimmermann	Gitarre solo	1979
Logothetis	Anestis	Zonen 1969			1969
Logothetis	Anestis	Mantratelurium 1970			1970
Logothetis	Anestis	Styx	Gerig	Variabel	1968
Logothetis	Anestis	Anastasis	Ricordi	Gitarre+ Sprechst.	1971
Marco	Thomas	Albayalde	Zimmermann	Gitarre solo	
Marco	Tomas	Miriada	Zimmermann	Gitarre + Perc.	

Komponist	Vorname	Titel	Verlag	Besetzung	Ersch.-J.
Musgrave	Thea	Looking for Claudio		Gitarre und Zuspielband	
Miyake	Haruna	Musik für Piccoloflöten, Flöten und Gitarre	Zimmermann	Gitarre und Flöten	
Panin	Peter	Neue russische Gitarrenmusik	Zimmermann	Gitarre solo	1971
Prosev	Toma	Konzertante Musik op. 38	Zimmermann	Gitarre und Streicher	
Quelle	Ernst August	Variationen über ein irisches Volkslied	Zimmermann	Gitarre und Zupforchester	1986
Riethmüller	Heinrich	Atlantis und Melogramm	Zimmermann	Gitarre solo	1982
Rodrigo	Joaquin	Tiento antiguo	Bote und Bock	Gitarre solo	1957
Rodrigo	Joaquin	Junto al Generalive	Bote und Bock	Gitarre solo	1957
Scholz	Bernd	Japanisches Konzert	Zimmermann	Gitarre und Orchester	
Schumann	Gerhard	Mikrokosmos	Zimmermann	Gitarre solo	1976
Schumann	Gerhard	Fantasia für drei Gitarren	Ries und Erler	Gitarretrio	
Schwaen	Kurt	Tanzstück	Gerig	Zupforchester	1966
Spannheimer	Franz Ersamus	Ludus		Zupforch. und Orgel	1971
Stahmer	Klaus Hinrich	Die Landschaft meiner Stimme			
Stahmer	Klaus H.	La Voce del Fiume		Ballett und Gitarre	ca. 1980
Stahmer	Klaus H.	El Bailarin (Der Tänzer)	MS	3 Gitarren & Sprechstimme	1983 o. W.
Stahmer	Klaus H.	Espace de la solitude		Gitarre,Ballett	
Walter	Fried	Reflexe für Git. und ZO	Zimmermann	Gitarre und ZO	
Walter	Fried	24 Lieder und Chansons nach Ringelnatz	Ed. Gabriel	Gitarre , Singstimme	1987 o. W.
Walter	Fried	Poesie-Album	Tonos	Gitarre und Chor	1987 o. W.
Wüsthoff	Klaus	Concierto de Samba	Zimmermann	3 Gitarren und Zupforchester	1983
Wüsthoff	Klaus	Concierto de Samba	Zimmermann	Gitarrentrio	1982
Wüsthoff	Klaus	Collagen	Zimmermann	Gitarre und Orchester	ca. 1975
Wüsthoff	Klaus	Laute zur Gitarre	MS	Stimme und Gitarre	ca. 1978
Yun	Isang	Gagok (1972)	Bote und Bock	Gitarre und Singstimme	1976

Die Liste ist noch unvollständig und muss mit dem Siegfried-Behrend-Archiv der Berliner Akademie der Künste bzw. dem Archiv der Bundesakademie in Trossingen endgültig abgeglichen werden. Es fehlen insbesondere noch einige Werke für Zupforchester, die für S. B. geschrieben oder durch ihn angeregt wurden. Einige der aufgeführten Kompositionen enthalten keine direkte Widmung (o. W.), sind aber auf Anregung oder unter Einfluss von Behrend entstanden.

Stand: Oktober 2018, Dr. H. Richter.
Weitere Informationen und weiteres Material unter:
www.siegfried-behrend.com

Abb. 121: Der "Alte Pfarrhof", Behrends Haus im bayerischen Oberland

Diskographie

Im Laufe der internationalen Karriere Behrends erschienen ca. 120 Tonträger (Schallplatten und Cds) von und mit Siegfried Behrend. Einige davon sind landesbezogene Publikationen mit identischen Aufnahmen, so beispielsweise für den japanischen Markt, auf dem Behrend besonders stark vertreten war. Insgesamt kann man ca. 100 untereinander verschiedene Publikationen von Tonträgern unterscheiden, von denen eine Auswahl beispielhaft aufgelistet ist.

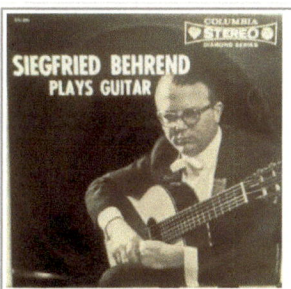

Siegfried Behrend plays Guitar
Anonym: Spanish Dances of the 16th century
Paganini: Sonate op. 25
Castelnuovo-Tedesco: "La Guarda Cuydadosa"
deFalla: Farruca, Villa-Lobos: Prelude, Etude
Hartig: Solo for Guitar, Ravel: Piece en Forme de Habanera, Behrend: Danza mora
Granados: Dance Nr. 5
Columbia

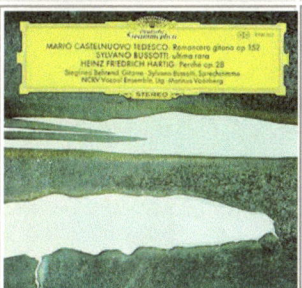

Gitarre und Chor
Siegfried Behrend, Gitarre - Sylvano Bussotti, Sprechstimme - NCRV Vocaal Ensemble, Ltg. Marinus Vooberg
Mario Castelnuovo-Tedesco: Romancero gitano op. 152
Sylvano Bussotti: ultima rara
Heinz Friedrich Hartig: Perché op 28
DGG MG 2290

Englische Gitarrenmusik
Francis Cutting: Zwei Lautenstücke
Daniell Batchelar: Monsieurs Almaine
Thomas Robinson: Drei Stücke
John Dowland: 4 Stücke; Michael C. Camidge: Sonatina G-Dur; John W. Duarte: English Suite op. 31; John McCabe: Canto for guitare
The Musgrave: Soliloqui für Gitarre und Tonband
DGG 2530 079

Siegfried Behrend

Joaquin Rodrigo: Concierto de Aranjuez
Mario Castelnuovo-Tedesco: Concerto op. 99
S. Behrend, Gitarre, Berliner Philharmoniker, Ltg. R. Peters
DGG

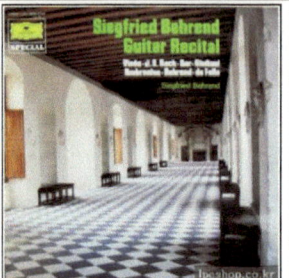

Siegfried Behrend: Guitar Recital
Robert de Visée: Suite d-moll;
Joh. Seb. Bach: Suite e-moll
Mauro Giuliani: Rondo D-Dur op. 71
H. Ambrosius: Suite D-Dur
Manuel de Falla: Homenaje
DGG

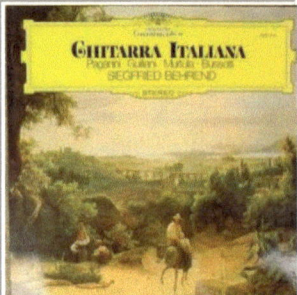

Chitarra Italiana
Caroso: Laura soave, Anonym: "Aus ital. Lautenbüchern", "Altital. Lautenmusik"
L. Roncalli: Suite G-dur; Giuliani: Grande ouverture
M. Castelnuovo-Tedesco: Tarantella, "La Guarda Cuydadosa"; Paganini: Sonate op. 25, G. Murtula: Tarantella; Sylvano Bussotti: Ultima rara? (mit Claudia Brodzinska-Behrend, Sprechstimme)
DGG 2530 561

Popular Guitar recital
Behrend: Suite of German Folksongs, 2 american Folksongs, Sakura, 3 Russian Songs, Sonatine after japanese Folksongs, Greensleeves; Beethoven: Für Elise; Takei: Nenju op. 84
Behrend: Danza Amazonica, Zorzino, Aires Regionales Espanolas
(Japan)

Siegfried Behrend: Die Geschichte der Gitarre

Siegfried Behrend erzählt die Geschichte der Gitarre anhand von Musikbeispielen.

Columbia C 83 506

Pilar Lorengar - Siegfried Behrend
Altspanischen Romanzen und Volkslieder

Milan: Durandarte
6 altspanische Romanzen aus dem 16. Jhd.
Mudarra: "Isabel, perdiste la tu faxa"
de Narváez: "Con qué la lavaré"
Händel: "No se emenderá jamás"
Behrend: 9 spanische Volkslieder
DGG 139 155

Canciones Populares Espanolas

Pilar Lorengar, Sopran

Columbia records

European Masters of the Classical Guitar

J. A. Losy: Suite a-moll
L. de Roncalli: Suite G-Dur
Don Luis Milan: 2 Fantasias
E. Reusner: Suite F-Dur
J. Dowland: Galliarde
J. Schenck: Suite a-moll
F. Campion: Suite d-moll
The musical heritage society inc.

The Great Virtuosos of the Spanish Guitar

Behrend: Guitarra espana olé - Rodrigo: Tiento antiguo -
Behrend: Fantasie über Greesleeves - Rodrigo: En los
trigales - Behrend: Burgalesa - Antique Arias
Behrend: Spanish Dance - Malaguena - Por Siguiriyas -
Soleares - Hamachidori - Alegrias del Panuelo - El roy de
la mare

the musical heritage society inc.

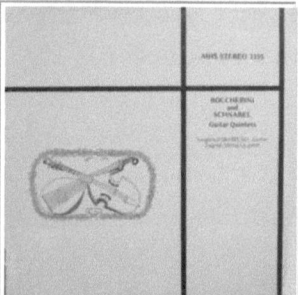

Boccherini an Schnabel - Guitar Quintets

S. Behrend, Gitarre; Zagreb String Quartett

J. I. Schnabel: Quintett in C-Dur
Boccherini: Quintett Nr. 1 D-Dur

the musical heritage society inc.

Belina - Behrend: Lieder der Welt

Belina-Behrend: Die schönsten Lieder dieser Welt

Layla layla - Malaguena - Zwei in einer großen Stadt -
Hamachidori - Zambra del sacro monte - Et maintenant -
Balegule - Moskauer Nächte - Hogen gara - N'a Masciata
- Danza mora - Der Müller und das Mädchen - Adanali -
Alegrias del panuelo - Goralci - Zigeunermelodie
Hör zu - Electrola SHZE 130

Spanische Impressionen
Kompositionen von Siegfried Behrend für Gitarre und Orchester

Studio-Orchester Tokyo, Norio Oshima, Flöte, DZO
Spanischer Tanz - Katalanisches Volkslied - Aires regionales - Rumba catalan - Spanische Impressionen - Spanisches Konzert - Harlekin und Columbine - Stierkampfmusik
Admira/Farfisa

Belina und Behrend Bazar - Lieder aus aller Welt

Je n'aurai pas le temps - Ode auf Jerusalem
Nikko Waraku Odori - Einsam am Wege
Kwari kwari Banana - Das Lied von der Fidl
En Aranjuez con tu amor; Soleares - Tomaszow
Ich habe meine Träume begraben - Sag mir wo die Blumen sind; Fenestra che luciva
Polydor 249 283

Belina - Behrend Blätter im Wind

Behrend: Israel-Suite; Deutschland-Suite; Polen-Suite
Russland-Suite; Griechenland-Suite
Internationale Suite

Columbia SMC 74 179

Belina - Behrend Music around the World
Lieder der Welttournee 1964/65
Wenn der Regen fällt - En el cafe de chinitas - Die Liebesbotschaft - Granados: Span. Tanz Nr. 5 - Arirang - Les feuilles mortes - Schlafe, mein Prinzchen - Allah basit - Kalakoltschik - Maria Rosa - O ina ni keke - Burgalesa - Defune - Haremslied - Djingli Nona - Belina
Columbia SMC 84 014

Guitarra Olé - Spanische Impressionen

Behrend: Tanguillo de Cadiz, Burgalesa, Flamenco-Fantasia, Danza amazonica, Danza mora, Bulerias, Stier-kampfmusik, Zapateado del perchel
de Falla: Farruca, Granados: Spanischer Tanz Nr. 5
Flamenco Fantasia, Trad.: El Mestre, Paganini: Romanze a-moll, Behrend: Suite espanola Nr. 5
Hör zu/Electrola

Belina - Behrend

Orcha Bamidbar - Alegrias - Yo Yelekaki - Troika - Greensleeves - Ne me quitte pas - Moskauer Nächte - Danza Espanola - Danno Budhunge - Schlafe, mein Prinzchen - Hamachidori - Et Maintenant - Die Zigeu-nermelodie

Electrola 72753

Niccolò Paganini - Siegfried Behrend

Terzetto D-Dur
Terzetto concertante D-Dur

DGG

Deutsche Gitarrenmusik

Anonym: Aus deutschen Lautenbüchern; Newsidler: Wascha mesa, Gassenhauser, Kapsberger: 2 Gagliarden; Reussner: Sonatine; Haydn: Andante und Menuett, Weiss: Fantasie; Baron: Le Drôle; C.M. von Weber: "Donna Diana" , Baumann: Variationen über "Es geht ein dunkle Wolk herein", Hartig: Thema mit Variationen op. 26, 2, Henze: 3 Tentos; Becker: Methatesis, Behrend: 3 Duos für 2 Gitarren (mit T. Occhi), Hindemith: Rondo für 3 Gitarren (mit T. Occhi und Jiri Jirmal) DGG 139 377

Guitar & Percussion
Mit Siegfried Fink, Percussion
Behrend: Mittelalterliche Tänze; Gorzani: Balletto; Anonym: Italiana, Besard: Branle und Branle gay; Negri: Balletto, Milan: 2 Pavanen; Newsidler: 3 Stücke, Anonym: Hunergschrai, Fink: Dialoge, Hashagen: Pergiton IV, Behrend: Xenographie
DGG 2530 034

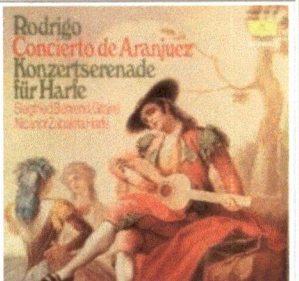

Rodrigo: Concierto de Aranjuez - Konzertserenade für Harfe
S. Behrend, Gitarre; N. Zabaleta, Harfe
Rodrigo: Concierto de Aranjuez
Berliner Philharmoniker, Ltg.: R. Peters
Konzertserenade für Harfe
Radio-Symphonie-Orchester Berlin, Ltg. E. Märzendorfer
DGG 2535 170

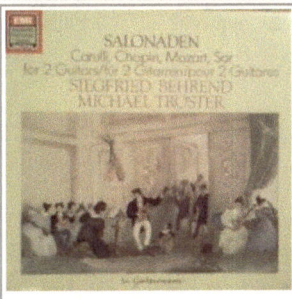

Salonaden für 2 Gitarren
S. Behrend, Michael Tröster, Gitarre
Mertz: "Alessandro Stradelle" ; Albert: Walzer-Fantasie, C. M. v. Weber: "Donna Diana" ; Zurfluth: Gesang der Nachtigall. Behrend: Waller Menuett und Waller Schuhplattler, Carulli: Andante mit Variationen und Rondo, Chopin: Nocturne op. 9,2 ; Mozart: Drei ländlerische Tänze, Tarrega: Recuerdos de la Alhambra, Sor: Ländler op. 39,1
EMI 169594

Satan auf Saiten
S. Behrend, Gitarre
Behrend: Tanguillo de Cadiz, Burgalesa, Flamenco-Fantasia, Danza amazonica, Danza mora, Bulerias, Stierkampfmusik, Zapateado del perchel, de Falla: Farruca, Granados: Spanischer Tanz Nr. 5, Flamenco Fantasia, El Mestre, Paganini: Romanze a-moll
Behrend: Suite espanola Nr. 5
EMI SMC 80 967

Belina - Behrend: Jiddish songs "Es brennt"

EMI

Belina - Behrend: 24 songs and one guitar

Folklore-Session in Berlin: 24 internationale Volkslieder
mit Belina

Shir I'lo milim - El Vito - Üsküdara - Greensleeves - Vi-
va Belina - Troika - Kuma Echa - Jetzt gang I an's Brün-
nele - Danno Budhunge - Jamaica Farewell - Lupu Cupu
- Ne me quitte pas

Orcha bamidbar - Suliram - Willst Du Dein Herz mir
schenken - Moccatora - Sakura - Aiyrongo - Zulima - I
know where I'm goin' - Manha de Carnaval - Yo Yelekaki - Einsamer Sonntag - Pastechl

Columbia SMC 83510

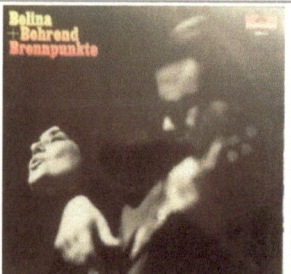

Belina - Behrend: Brennpunkte

Polydor

Schlafe mein Prinzchen, schlaf ein - Wiegenlie-
der der Welt

Belina - Behrend

Wiegenlied - Nana Criolla - Nina Bobo - Schlufsche,
mein Feigele, Too-Ra-Loo-Ra-Loo-Ral, Suite nach jap.
Kinderliedern, Schlafe, mein Prinzchen - Haju-Haju, Gen
yo Nini, Nana del Sol, Bajuschki baju

Heidschi-Bumbeidschi

Polydor 2371 151

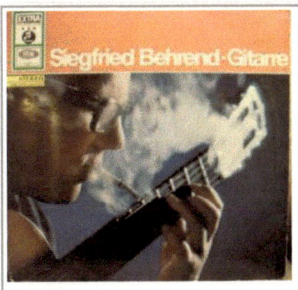

Siegfried Behrend, Gitarre
Behrend: Tanguillo de Cadiz, Burgalesa, Flamenco-Fantasia, Danza amazonica, Danza mora, Bulerias, Stierkampfmusik, Zapateado del perchel
de Falla: Farruca, Granados: Spanischer Tanz Nr. 5
Flamenco Fantasia, El Mestre, Paganini: Romanze a-moll, Behrend: Suite espanola Nr. 5

Columbia-Records

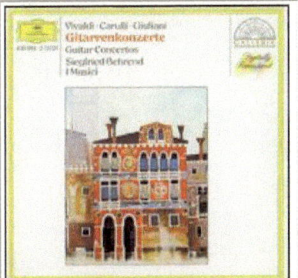

Gitarrenkonzerte - CD
S. Behrend, Gitarre, I Musici di Roma
Antonio Vivaldi: Konzert C-Dur, Konzert D-Dur
Ferdinando Carulli: Konzert A-Dur
Mauro Giuliani: Konzert A-Dur

DGG

Claudias Märchen
Deutsches Zupforchester, Ltg. S. Behrend, Claudia Brodzinska-Behrend, Stimme
G. Braun: Vom kleinen Lommel
S. Behrend: Das Geschenk der Feenkönigin
S. Behrend: Die Geschichte von O-CHO-SAN

Infocenter Zupfmusik GMP 10 350 E

Musik an Europäischen Füstenhöfen
John Dowland: 3 Stücke
Don Luis Milan: 3 Fantasias
Johan Anton Losy von Losinthal: Suite a-moll
Johan Schenk: Suite a-moll
Esajas Reusner: Sonatina
Robert de Visée: Suite d-moll

Acanta/Bellaphon

Siegfried Behrend
Robert de Visée: Suite d-moll
Joh. Seb. Bach: Suite e-moll
Mauro Giuliani: Rondo D-Dur op. 71
H. Ambrosius: Suite D-Dur
Manuel de Falla: Homenaje

DGG 139 167

Italienische Gitarrenkonzerte
S. Behrend, Gitarre, I Musici di Roma

Antonio Vivaldi: Konzert C-Dur, Konzert D-Dur
Ferdinando Carulli: Konzert A-Dur
Mauro Giuliani: Konzert A-Dur

DGG 410 545 - 1

Italienische Gitarrenquintette
S. Behrend, Zagreber Streichquartett

Boccherini: 3. Gitarrenquintett e-moll
Castelnuovo-Tedesco: Gitarren-Quintett op. 143
Giuliani: Einleitung und Variationen op. 103

Acanta EA 22 780

Romance de amor

International folksongs for guitar solo.
(japanische Ausgabe)

Columbia PS 3037

Siegfried Behrend - Memoriam

2 CDs

Thorofon

Der kleine Rosengarten
Lieder von Fritz Jöde nach Texten von Hermann Löns
Mit Dirk Schortemeier, Gesang

CD Thorofon CTH 2064

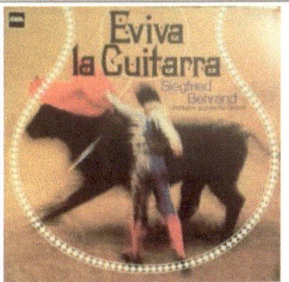

Eviva la Guitarra - S. Behrend und seine spanische Gitarre
Behrend: Spanischer Tanz für Gitarre und Orch. - Malaguena - Burgalesa - Spanische Skizzen - Die Gitarren von Quimet, Albeniz: Asturias, Segovia: Tonadilla, Sor: Variationen über "La Folia"
Behrend: Impressionen einer spanischen Reise

Acanta CC 22 283

Das große Siegfried Behrend Album
Doppel-LP, Titel u. a.:
Behrend: Spanischer Tanz - Malaguena - Burgalesa -
Spanische Skizzen - Die Gitarren von Quimet
Albeniz: Asturias; Segovia: Tonadilla
Sor: Variationen über "La Folia", Behrend: Impressionen einer spanischen Reise, Schenk: Suite a-moll; Marella: Suite A-Dur (mit M. Krüger), de Visée: Suite d-moll; Dowland: Lachrimae, Carulli: Duo D-Dur op. 146,2 ;
Notturno op. 128, 1 A-Dur (mit M. Krüger)
 Acanta 40.23.516

Siegfried Behrend und Freunde

Haydn: Quartett in D-Dur
Boccherini: 3. Gitarrenquintett e-moll
Haydn: Cassation C-Dur
Boccherini: 1. Gitarrenquintett D-Dur

CD ELEG

Meisterwerke für zwei Gitarren

S. Behrend und Martin M. Krüger
Gabrieli: Madrigal
Frescobaldi: La Bernardina
Galilei: Fantasia; Durante: Gagliarda; Marella: Suite A-Dur; Carulli: Duos op 128,1 - op 146,2; Carulli: Serenade A-Dur op 96, 1

Acanta 23 098

Konzerte für Zupforchester

DZO-Kammerorchester, Ltg. S. Behrend
Albrechtsberger: Konzert F-Dur
S. Weiss: Konzert d-moll
G. Braun: Concertino in H
J. A. Hasse: Konzert in G-Dur
J. Baston: Konzert C-Dur

CD Thorofon CTH 2025

Würzburger Hofmusik

S. Behrend - Pro Musica da Camera
Werke von
F. Celleri
G.B. Platti
W. Küffner
J. Küffner
Thorofon MTH 229

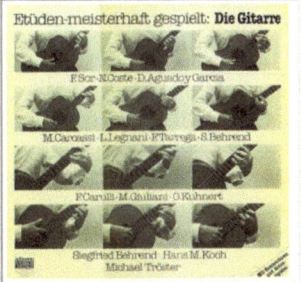

Etüden - Meisterhaft gespielt

mit S. Behrend - M. Tröster - Hans M. Koch
Einspielungen der "Elementaretüden" sowie der "Konzer-
tetüden", die Behrend für Gitarreschüler und -studenten
zusammengestellt hatte. Diese (insgesamt 7 Hefte) wurden beim Musikverlag Preissler in München verlegt.

Schwann

Requiem auf Hiroshima

DZO-Kammerorchester, Ltg. S. Behrend, Konzertmeister
T. Ochi
Behrend: Requiem auf Hiroshima
Hartig: Movimenti (1968)
Logothetis: Styx (1968)
M. Kagel: Musi (1971)
W. Heider: Edition (1976)
F. E. Spannheimer: Ludus (1971)
CD, Thorofon CTH 2026

Antonio Vivaldi: Meisterwerke für Mandoline und Gitarre

Das Deutsche Zupforchester, T. und S. Ochi, Mandoline,
M. Krüger und E. Germesin, Gitarre
Sinfonia C-Dur, Lautenkonzert C-Dur, Konzert C-Dur
für Mandoline und ZO, Konzert D-Dur für Gitarre und
Zupforchester, Concerto grosso C-Dur für zwei Mandoli-
nen, zwei Gitarren und ZO
Acanta 40.23.163

Virtuose Mandolinen

Saarl. Zupforchester, Ltg. S. Behrend
Vivaldi: Konzert G-Dur, Behrend: Florentiner Hochzeitstänze, Scarlatti: Concerto D-Dur f. Oboe und Zupforchester (P. W. Feit, Oboe), Behrend: Ballett-Suite für ZO und
Schlaginstrumente (S. Fink, Perc.); Edelmann: Cinfonia
concertante op. 1, Behrend: Vier franz. Tänze
DGG 2538 138

189

Das Deutsche Zupforchester
Ltg.: Siegfried Behrend
Scholz: Festlicher Auftakt - Wölki: 2 Sätze aus der Suite op 31,2; Ambrosius: Badinerie - Baumann: Saarländische Zupfmusik, Bresgen: Tanzstück - Behrend: Araba - Schwaen: Tanzstück, Behrend: Rumba Catalan; Becker: Zwei Tänze aus der Griechischen Tanzsuite; Behrend: Japanische Impressionen, Figuration; Logothetis: Styx
Thorofon MTH 110

Antonio Vivaldi Mandolinenmusik
Das Deutsche Zupforchester, Ltg.: S. Behrend ; Concerto grosso C-Dur für 2 Mandolinen, zwei Gitarren und ZO, Lautenkonzert für Zupforchester
Konzert C-Dur für Oboe und Zupforchester
Konzert C-Dur für Solomandoline und Zupforchester,
Konzert d-moll für Viola d'amore, Laute und ZO
Konzert C-Dur für zwei Oboen und ZO
Acanta 40.22.539

Ital. Mandolinenmeister um A. Vivaldi
Das Deutsche Zupforchester, Ltg.: S. Behrend
Torelli: Konzert A-Dur (M. Tröster, Gitarre)
Gabrieli: Konzert D-Dur für Oboe und ZO (Pierre W. Feit, Oboe), Vivaldi: Konzert G-Dur für 2 Mandolinen (T. Ochi, S. Ochi), Lück: Münchner Residenzmusik, Dall'Abaco: Konzert C-Dur für Oboe und ZO (Pierre W. Feit, Oboe)
Acanta DC 23 199

Festkonzert für Zupforchester
Das Deutsche Zupforchester, Ltg.: Siegfried Behrend.
Solisten: Michael Tröster - Thomas Bittermann - Gerd Blum
Wüsthoff: Concierto de Samba
Behrend: Stierkampfmusik
Baumann: Konzert für Gitarre und Zupforchester
Behrend: Spanischer Tanz
Acanta 40.22.888

Japanische Impressionen

DZO Kammerorchester, Ltg. S. Behrend, Konzertmeister
T. Ochi
Zum 20. Jubiläum des DZO-Kammerorchester 1988
Konoye: Konzertstück für Shamisen und ZO; Ochi: Betrachtungen über ein jap. Volkslied; Behrend: Japanische
Impressionen, Vier japanische Volkslieder; Ochi: Drei
Duos für zwei Mandolinen; Behrend: Zwei jap. Volkslieder, "Epitaph" für Flöte und ZO
Musik-Verlag Harald Burger und Martin Müller

Konzertante Musik des 20. Jahrhunderts

DZO-Kammerorchester, Ltg. S. Behrend, Konzertmeister
T. Ochi
Behrend: DZO Erkennungsmusik
F. Walter: Rhapsodie - W. Bast: Dialog; R. Haubenstock-Ramati: Zeichen für S. B. - K. H. Stahmer: Flute Notes
from a Reedy Pond; A. Logothetis: Klangraum III - Behrend: Hildebrandlied- Behrend: Serenade; S. Fink: interactione - K. Hashagen: Pergiton V
proViva ISPV 156 CD

Florentiner Hochzeit

Das Deutsche Zupforchester, Pierre W. Feit, Oboe, S.
und T. Ochi, Mandoline, J. Ulsamer, Gambe, E. van der
Ven, Cembalo, S. Fink, Schlaginstrumente; Vivaldi:
Konzert für 2 Mandolinen und ZO; Behrend: Florentiner
Hochzeitstänze - Altital. Hofmusik; A. Scarlatti: Concerto für Oboe und ZO D-Dur; Behrend: Ballett-Suite
J. F. Edelmann: Sinfonia concertante für Cembalo und
ZO D-Dur op. 1; Behrend: Vier franz. Tänze
DGG 2535 641

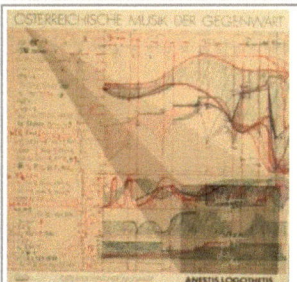

Österreichische Musik der Gegenwart - Anestis Logothetis

Siegfried Behrend, Claudia Brodzinska-Behrend, S. und
T. Ochi, S. Fink, Das Deutsche Zupforchester, Trio
EXVOCO. Anastasis (1961/69); Wellenform (1981)
Styx für Zupforchester

amadeo 419 074-1

Die größten Gitarristen unserer Zeit

Sampler-Album mit Segovia, Bream, Williams, Yepes, Behrend, Cardoso u. a.
Behrend:
Logy: Six pieces for guitar
Carulli: Serenade A-Dur (m. M. M. Krüger)
RCA RL 43454

Rodrigo (CD)
S. Behrend, Gitarre, N. Zabaleta, Harfe, Berliner Phil-
harmoniker, Ltg. R. Peters
Concierto de Aranjuez
Konzert-Serenade für Harfe und Orchester
M. Castelnuovo-Tedesco: Gitarrenkonzert Nr. 1
DGG 427 214 - 2

Mit der Gitarre um die Welt

4 CDs, 2011

Coverfoto spiegelverkehrt
Postum erschienen

Abbildungsverzeichnis

Die Plakate aus dem entsprechenden Kapitel sind in diesem Verzeichnis nicht erfasst.

Nach über 60 Jahren sind Urheberrechte an Photographien nur sehr schwer eindeutig zu klären. Alle Abbildungen – sofern nicht anders gekennzeichnet - entstammen den umfangreichen Privatarchiven von Claudia und Kornelia Behrend, die sich in meinem Besitz befinden. Sollten versehentlich Urheberrechte verletzt worden sein, bitte ich um eine Rückmeldung. H. Richter

Abb. 122: Promotionfoto ca. 1965

195

Autorenverzeichnis

Marc Boettcher, 1965 in Berlin geboren, studierte nach seiner Schauspielausbildung, Theaterwissenschaft und Germanistik. Er arbeitet seit 1988 als Dramaturg, Regisseur und Autor. Hunderte deutsche Synchronfassungen entstanden unter seiner Federführung. Neben zahlreichen Essays veröffentlichte er Biographien über die Sängerin Alexandra, die Jazz-Ikone Inge Brandenburg und den Komponisten Bert Kaempfert. Seine Fernsehporträts über Alexandra, Bert Kaempfert, Gitte Haenning und Rosenstolz machten Furore und wurden von einem Millionenpublikum gesehen. Mit der Wiederentdeckung von Inge Brandenburg gelang ihm ein weiterer Coup. Kinofilm und CD erhielten u. a. den „Preis der deutschen Schallplattenkritik". Ein Film über Belina und Siegfried Behrend ist in Produktion.

Rüdiger Grambow, geboren 1946, Studium des Witschaftsingenieurwesens an der TU Berlin. Langjährige Tätigkeit im Wirtschaftsprüfungswesen, in der Reifenindustrie, in der Versorgungswirtschaft und im Versicherungswesen. Qualifizierte Hobbyausbildung als Mandolinist und Ensemble-Leitung für Zupforchester, Mitglied und Organisationsleiter des Deutschen Zupforchesters unter Leitung von Siegfried Behrend, langjähriger Vorsitzender des Trägervereins der Bundesakademie für musikalische Jugendbildung Trossingen, Ehrenpräsident des Bundes Deutscher Zupfmusiker, ehem. Herausgeber der Fachzeitschrift „concertino" – Magazin für Gitarre, Mandoline und Laute, Ehrenmitglied des Deutschen Musikrates und der Bundesvereinigung Deutscher Orchesterverbände. Aktuell: Mandola-Spieler im Norddeutschen Zupforchester Hamburg, Präsident der European Guitar an Mandolin Association (EGMA) sowie Präsident des Landesmusikrates in der Freien und Hansestadt Hamburg.

Univ.-Prof. Dr. Matthias Henke, Musikwissenschaftler, seit 2008 Lehrstuhl für Historische Musikwissenschaft an der Universität Siegen; Wissenschaftlicher Beirat des Ernst Krenek Instituts, der Kurt-Weill-Gesellschaft sowie des Departments Kunst- und Kulturwissenschaften an der Donau-Universität Krems; Herausgeber der Reihe *Si! Kollektion Musikwissenschaft*; Leiter des vom Land Niederösterreich geförderten Projekts *Friedrich Cerha Online*, Kurator (unter anderem der Wanderausstellung *Wissen Sie noch, wer ich bin – Die Musikmäzenin Emmy Rubensohn*, die ab 2018 in Siegen, Halle/Saale, München, Kassel, Leipzig und New York gastiert); zahlreiche Publikationen zur Musikgeschichte des 20. Jahrhunderts und der Wiener Klassik; jüngste Veröffentlichung (gemeinsam mit dem Theologen Hans-Ulrich Weidemann): *Die Sieben letzten Worte unseres Erlösers am Kreuze von Joseph Haydn*, Stuttgart 2017.

Martin Maria Krüger, geb. 1954 in Solingen. Gitarrenstudium privat bei Siegfried Behrend sowie an der Hochschule für Musik Würzburg bei Dieter Kirsch. Am selben Institut Schlagzeugstudium bei Siegfried Fink. Als Solist, insbesondere als Kammermusiker – so als Duopartner Siegfried Behrends im Deutschen Gitarreduo – internationale Konzerttätigkeit. 1982 Direktor des Würzburger Hermann-Zilcher-Konservatoriums, 1987 des Richard-Strauss-Konservatoriums der Stadt München. Seit 2008 Honorarprofessor für Gitarre und Kulturpolitik an der Hochschule für Musik und Theater München. Seit 2003 Präsident Deutscher Musikrat e.V., seit 2016 Vorsitzender Musikfonds e.V. – Bundesfonds für zeitgenössische Musik. 2013 Bundesverdienstkreuz erster Klasse. Ehrenmitglied Bund Deutscher Zupfmusiker e.V.

Dr. Manuel Negwer, 1952 in Berlin geboren, in Argentinien und Angola aufgewachsen. Studium der Romanistik und Musikwissenschaft an der FU Berlin und Teilnahme an den von Prof.Siegfried Behrend erteilten Meisterkursen in Riedenburg. Zwischen 1986 und 2018 für das Goethe-Institut in Brasilien, Japan, Bolivien, Pakistan und Angola tätig. Freie Tätigkeit als Autor und Musiker.

Dr. Helmut Richter, geb. 1955 in Oberhausen, begann mit 16 Jahren während seiner Ausbildung zum Maschinenschlosser autodidaktisch das Gitarrespiel zu lernen. Seit 1976 Meisterschüler des Gitarristen Siegfried

Behrend. 1981 gewann er den ersten Preis beim Regensburger Gitarren-wettbewerb, 1982 Prüfung zum Musikerzieher in München. Neben den Gitarrenstudien absolvierte er ein Studium in den Fächern Maschinenbau und Physik. Zahlreiche Rundfunk- und CD-Aufnahmen, Veröffentlichung eigener Kompositionen, Teilnahme an Meisterkursen verschiedener Inter-preten. Seit 2001 Geschäftsführer der European Guitar Teachers Associa-tion (EGTA- e. V.). Hauptberuflich als Leiter eines Berufskollegs und als Fachbuchautor tätig.

Michael Tröster – Jahrgang 1956 – gehört heute zu den weltweit führen-den Gitarristen. Zahlreiche erste Preise in nationalen und internationalen Wettbewerben, Konzertreisen in allen Kontinenten und CD – Einspielun-gen (65 CD/LPs u.a. 1997 Echo Klassik deutscher Schallplattenpreis) zeugen von seiner Virtuosität und Musikalität.

Neben seiner Konzerttätigkeit sieht er einen Schwerpunkt seiner künstleri-schen Arbeit in der Ausbildung des gitarristischen Nachwuchses: zum einen an der Musikakademie in Kassel, zum anderen mit seiner „Mi-chael Tröster Stiftung" und als gefragter Dozent in Meisterkursen und Seminaren.

Siefried Behrend im Internet

Bereits im Jahr 2005 wurde eine Internetseite für Siegfried Behrend eingerichtet. Sie ist zu erreichen unter:

Siegfried-Behrend.com

Auf dieser Seite stehen zahlreiche Dokumente seines künstlerischen Wir-
kens zu Download bereit, darunter zahlreiche Originalaufnahmen mit bisher noch nicht auf Tonträgern veröffentlichter Musik und Interviews von
Radio- und Fernsehsendern im Originalton.

In den Jahren 1971/72 moderierte Behrend im Hessischen Rundfunk eine
13-teilige Sendereihe unter dem Titel „Instrumente – Klänge – Strukturen". In dieser Reihe stehen die Gitarre und ihre Musik – von der Renaissance bis zur Avantgarde – im Vordergrund, sowohl solistisch als auch in
kammermusikalischen Besetzungen. Diese Sendungen und weitere filmi-
sche Dokumente können beim Internet-Portal „YouTube" aufgerufen werden.

Abgerundet wird das Internet-Angebot rund um Siegfried Behrend durch
eine Künstler-Präsenz bei Facebook, die unter seinem Namen aufgerufen
werden kann.

Hinweis:

Die Beiträge aus der ersten Auflage wurden größtenteils im Original übernommen.